WESTEND

ARNO LUIK

Rauhnächte

WESTEND

Mehr über unsere Autor:innen und Bücher:
www.westendverlag.de

Die Deutsche Nationalbibliothek verzeichnet diese Publikation in
der Deutschen Nationalbibliografie; detaillierte bibliografische Daten
sind im Internet über http://dnb.d-nb.de abrufbar.

FSC
www.fsc.org

MIX
Papier | Fördert
gute Waldnutzung
FSC® C014889

ISBN 978-3-86489-419-0
© Westend Verlag GmbH, Frankfurt/Main 2023
Umschlaggestaltung: Buchgut, Berlin
Satz: Publikations Atelier, Dreieich
Druck und Bindung: Pustet, Regensburg
Printed in Germany

Inhalt

MERKWÜRDIGE ZEITEN

Aufgewacht in einer anderen Welt, denn …

… plötzlich geschah etwas, mit dem ich nie gerechnet hatte – und doch immer Angst davor hatte. Wahrscheinlich auch Sie.

Seit ein paar Jahren, seit ich Rentner bin, antworte ich auf die Frage »wie geht es dir?« stets: »So gut wie seit meinen Kindertagen nicht mehr, keine blöden Konferenzen mehr, keine Begegnungen mit eitlen Politikern und machtversessenen Wirtschaftsbossen, also mit Menschen, die primär nur an sich interessiert sind, bei denen sich fast alles um diese Fragen dreht: ›Wie war ich? War ich gut?‹«

Aber stets machte ich bei meiner heiteren Antwort diesen Zusatz: »Alles kann sich ändern, von einem Tag auf den anderen, alles ist möglich.«

Nun etwas Persönliches, es ist tief in mir, Tag und Nacht, ich bin mir unsicher, ob ich es mit Ihnen teilen soll oder nicht. Warnung: Es wird traurig.

Neulich war ich auf dem Weg zum Arzt, ich traf vor der Praxis einen alten Kollegen, und der fragte mich, wir hatten uns lange nicht gesehen, wie es mir so gehe? Meine Antwort, siehe oben.

Achtzig Minuten später, nach der ärztlichen Untersuchung, bin ich, um Annalena Baerbocks Worte zu benutzen, »in einer anderen Welt aufgewacht«. Diagnose: Darmkrebs.

Vor vielen Jahren habe ich den Kinderpädagogen Wolfgang Bergmann zu einem Gespräch getroffen, er hatte Knochenkrebs im Endstadium, es war ein offenes, freimütiges, mich damals erschütterndes Gespräch, das unter dem Titel »Gibt es am Ende nur einen Schrei?« erschien.

»Ich akzeptiere«, sagte er, der vom nahen Tod gezeichnet war, bloß noch kaum hörbar reden konnte, »dass ich nicht mehr, wie Freud es nennt, ›Herr im eigenen Haus‹ bin. Bis vor Kurzem war ich noch einer der angesehensten Kinderpädagogen in diesem Land. Ein gefragter Mensch. Erfolgreich. Verblüfft blicke ich auf diese Zeit zurück, staune, was mir alles wichtig war und wie unwichtig nun alles ist.«

Auch ich schaue nun verblüfft auf jene unbeschwerten Tage zurück, die gar nicht so lange her sind und mir jetzt doch irreal vorkommen. Ich weiß nicht, wie viel Zeit mir noch bleibt. Ob ich Angst habe, wen ich und was ich verlassen muss?

Nochmals Bergmann: »Der Mensch ist ja zum Quietschen komisch. Er braucht gar nicht viel. Ich hab alles hinter mir gelassen, Bücher, Praxis, Wohnung – ohne Bedauern. Nun liege ich hier. Ich atme, ich spüre die Luft, ich freue mich, wenn die Sonne scheint, ich ärgere mich, wenn ich einen Tropfen auf die Nase kriege.«

Ich fragte ihn, wie es war, als er die Diagnose bekam. Seine Antwort: »Mit der Diagnose leben geht. Dass alle Hoffnungen nur Illusionen sind, ahnt man ja ein Leben lang. Am Anfang war die Krankheit scheinbar weit weg. Und der letzte Sommer war der schönste meines Lebens, voll unwillkürlicher Lebensfreude. Dann kommt die Verzweiflung, die Schatten kommen auf dich zu, sie sind jetzt immer an der Wand, niemand kann sie mir wegnehmen, da ist das Gefühl, die Krankheit bricht mich allmählich.«

Bin ich seit meiner Diagnose ein anderer Mensch geworden? Du siehst so bedrückt aus, sagte vor Kurzem jemand zu mir. Ich versuche, meinen Zustand, meine latente Traurigkeit zu verbergen, es gelingt offenbar nicht. Dass mir auch noch eine Sehne im Fuß gerissen ist – gestern hätte mich das überaus geärgert, heute ist der schmerzhafte Abriss ein fast willkommenes Ablenkungsprogramm.

Ich merke, dass das, was mir gestern noch so wichtig war, plötzlich sehr unwichtig ist. Politische Diskussionen? Gutes Essen? Wein? Der Krieg in der Ukraine? Die wachsende Armut? Die Ungewissheit, wie das bloß wird – mit Inflation, vielleicht kaltem Winter, explodierenden Preisen? Dieser ganze Wahnsinn, der uns Tag für Tag umgibt, die Reden der Politiker, ihre Phrasen, mit denen sie ihre Hilflosigkeit oder ihr Unvermögen zu verbergen suchen – mir gerade ziemlich egal, das alles. Ich beobachte die allgemeinen Aufgeregtheiten mit Verblüffung; irgendwie ist da eine Schranke zwischen mir und der anderen Welt – und diese Schranke geht nicht hoch.

Oder vielleicht doch? Ich hoffe es.

Manchmal, nachts, die Stunden verstreichen unendlich langsam, denke ich: Wie doof doch der Mensch ist. Warum kloppt er sich ständig? Es gibt doch Wichtigeres, als sich in der Ukraine oder im Jemen oder Armenien oder Mali oder Syrien oder anderswo, also in viel zu vielen Ländern auf dieser eh schon geschundenen Erde zu malträtieren, zu erschießen, zu vergewaltigen, zu zerbomben, zu verletzen, zu verstümmeln, zu töten, zu morden.

Das Leben kann so schön sein – für ein paar Jahre durfte ich es, siehe oben, sehr schön genießen.

Aber nun, Terror des Zufalls, Diagnose Krebs, Ungewissheit vor der Zukunft, ist die Leichtigkeit dahin, die Unbeschwertheit weg. »Wissen Sie«, sagte vor knapp 20 Jahren der Frankfurter Soziologieprofessor Helmut Dubiel zu mir, »nach meiner Parkinson-Diagnose fühlte ich mich so: Ich stehe mit rund tausend Leuten auf einem Schulhof, und plötzlich werde ich – als Einziger – ohne Erklärung, ohne Hoffnung auf Erlösung, ohne Trost, ohne Begründung aus der Ansammlung herausgegriffen. Plötzlich gehöre ich zu einer Gruppe von Menschen, die nicht mehr einfach über ihren Körper verfügen können. Das Leben ist viel krummer als früher.«

EINS

19. September 2022

Spätestens heute soll ich, so hat es der Arzt versprochen, die
Befunde der Gewebeproben bekommen, ob der Tumor gut-
artig ist oder nicht, ob man mich sofort operieren kann oder
ob die quälende Abfolge weiterer Untersuchungen nötig ist.

Ich warte und warte.

Ein alter Freund sagte vorhin am Telefon, du klingst so fröhlich, man merkt deiner Stimme diese Diagnose nicht an. Es
stimmt. Wenn ich mit Freunden oder Bekannten telefoniere,
agiere ich wie ein altes Zirkuspferd, das sich in die Manege
schleppt, aber dort, wenn der Applaus kommt, die vertrauten
Gerüche in die Nüstern steigen, losgaloppiert wie ein junges
Fohlen.

Vorhin hat ein Techniker angerufen, es ging um ein Kochfeld. Ich musste das Gespräch fast tränenerstickt abbrechen,
konnte nur noch sagen: »Es tut mir leid, ich habe gerade keinen Kopf für Herde und Kochfelder, ich habe vergangene Woche die Diagnose ...« Weiter kam ich nicht.

12 Uhr 15: Noch keine Meldung des Arztes.

Gestern im Fernsehen »Sounds of Silence«, ein Lied, das ich
immer gern hörte. Plötzlich musste ich weglaufen, bei dieser
Zeile:

»Fools« said I, »You do not know
Silence like a cancer grows«

Tausendmal diese Zeile »Silence like a cancer grows« mitgesungen, nie nix dabei gedacht. Aber nun habe ich diesen Krebs, diesen Feind in meinem Körper. Nun wirft mich der Song um, ich muss weglaufen, zum ersten Mal mit Tränen in den Augen.

Um 13 Uhr ruft der Arzt an. Gute Nachrichten. Schlechte Nachrichten. Die gute Nachricht: Wir haben den Krebs sehr früh erwischt. Die schlechte Nachricht: Es kann sein, dass der bösartige Krebs schon ausstrahlt – in die Leber.

Wenn ich nicht wüsste, dass ich krank bin, wäre ich gesund – so fühle ich mich.

Vor ein paar Tagen, vor meiner Diagnose, traf ich meine Hausärztin, sie sah traurig aus. Ein Bekannter von ihr war sehr krank, sie untersuchte ihn, konnte nichts feststellen, sie fragte ihn: »Hast du mal einen Covid-Test gemacht?« Er schüttelte den Kopf, sie machte einen Schnelltest mit ihm und, sagte sie, habe noch nie erlebt, dass ein Test so rasend schnell rot geworden ist. Sie gab ihm sofort eine Paxo … ah, mir fällt der Name gerade nicht ein, diese Tablette, für die Lauterbach wirbt. Fünf Tage danach: Hirnschlag, Todesgefahr, Intensivstation – aber er kommt durch. Meine Frage an sie: »Wie viele Covid-Tote hast du in deiner Praxis zu beklagen?« Sie: »In diesen zweieinhalb Covid-Jahren? Keinen.« Ich: »Was?!?« Sie: »Ja.« Sie hat, sagt sie, 15 000 Patienten in ihrer Kartei. Ich: »Wie viele Krebstote?« Sie: »Das weiß ich nicht. Es sind zu viele, Dutzende, viele Dutzend.«

20. September 2022

Ein wunderschöner Frühherbstmorgen. Heute ist in der Hamburger Isestraße Markt, direkt vor unserer Wohnung. Auf dem Markt merke ich, dass ich mich jetzt anders bewege: Ich schaue stur nach vorne, Blick eher nach unten, ich schaue, was ich sonst immer tat, den Menschen nicht mehr ins Gesicht. Würde ein Bekannter mir nun entgegenkommen, ich würde einfach an ihm vorbeistiefeln. Ich bewege mich auch viel langsamer.

Nach ein paar Metern Markt verlasse ich ihn, ich kann hier nix einkaufen, es geht nicht. Komme an einem kleinen Laden vorbei. Davor ein Werbereiter mit dem Quatschslogan: »Spread your love!« In mir ist ein Spreader, der alles andere als Liebe versprüht.

Internetrecherche: Darmkrebs. Macht nur Angst.

Ein Gedanke knallt plötzlich ins Gehirn und geht nicht mehr weg: Bekomme ich eine Chemo – soll ich mir dann eine Perücke machen lassen? Einen Afrolook, Angela-Davis-like, frage ich meine Frau. Das geht in diesen merkwürdigen Zeiten nicht, sagt sie, das würde als kulturelle Aneignung interpretiert. Gedanken, die ins Nichts führen.

Heute Abend hätte ich als – wie ich häufig medial apostrophiert werde – Bahnexperte für einige Bahn-Bürgerinitiativen eine Videokonferenz. Ich sage wegen meiner Erkrankung ab, Sekunden später kommt die Antwortmail: Macht nichts, wir haben einen Ersatz für Sie. Kein Wort des Mitgefühls. Noch nie habe ich so direkt erlebt, wie ersetzbar man ist. Wie überflüssig.

Helmut Dubiel beschreibt das so: »Eine Zeitlang träumte ich, ich sei von einem Vergnügungsdampfer heruntergefallen ins Meer, und ich sehe, wie das Schiff in der Dunkelheit verschwindet. Ich höre die Leute noch lachen und tanzen, sie sind glücklich, aber ich bleibe im Wasser zurück und ersaufe.«

Am Abend erreicht mich nochmals eine Mail von einem anderen Mitglied dieser Bürgerinitiative: »Lieber Arno Luik, mit ganz viel guter Energie und kraftvollen Gedanken bin ich bei Ihnen. Menschen wie Sie sind so wichtig, um unsere Gesellschaft zu ändern. Bleiben Sie bitte mutig und zuversichtlich!«

22. September 2022

Gestern ein langer Krankenhaustag, Untersuchungen von 8 Uhr 30 bis 14 Uhr 30. Die Befunde sind nicht schön. Sie sind katastrophal.

Eine junge hübsche Ärztin untersucht mit Geräten, die ich nicht beschreiben will, meinen Darm. Verblüffend, wie rasch der Gedanke an Scham das Gehirn verlässt. Ich sitze da, betrachte meinen Körper wie ein Auto, an dem herumgeschraubt wird. Diese Ärztin gibt mir eine düstere Prognose, die mich auf ein eventuelles Leben vorbereitet, das mir nicht mehr lebenswert scheint. Das fast einem Todesurteil gleichkommt. Sie relativiert ein wenig: Wichtig seien auch noch die nachfolgenden Untersuchungen.

Nach dem Aufwachen heute im Kopf ein Wirbelstrom von Gedanken: Vergangenheit, Gegenwart, Zukunft bekämpfen, umarmen sich. Eine Abfolge von nicht zu stoppenden Geschichten, Erinnerungen, Kindheit, Studienzeit, neulich noch unbeschwert im Main geschwommen, so viele Pläne, und nun dreht sich im Kopf eine Liedzeile von Hannes Wader, »jetzt denke ich nur noch daran, wie ich mir, wie ich mir noch einen guten Abgang verschaffen kann«. Im Garten habe ich eine tödliche Pflanze, Eisenhut, Giftpflanze des Jahres 2005 – ob es im Internet ein Rezept gibt, wie man diesen Eisenhut zubereitet? essen & trinken.de? Chefkoch.de? Giftkoch.de?

Nachher habe ich ein Treffen, so eine Art Konzil, interdisziplinärer Untersuchungsausschuss mit Ärzten aus diversen Fachrichtungen, bei dem aufgrund aller Untersuchungen festgelegt wird, wiewannob es mit mir weitergeht. »Bringen Sie Ihre Frau mit«, ist mir gesagt worden. Und sie stellt dann die Fragen, die zu stellen ich nicht mehr in der Lage bin.

Bei einem Interview habe ich neulich gesagt, dass mein jetziges Leben als Rentner großartig sei, auch weil ich zum Beispiel »keine blöden Konferenzen« mehr erleben müsse. Und nun muss ich zu einer Konferenz, die allerblödeste Konferenz meines Lebens, eine Konferenz, die ich nie erleben wollte, die ich niemandem wünsche, sie nennt sich: Tumorkonferenz.

Im Warteraum ein großer Bildschirm, ntv-Nachrichten. Man sieht ohne Ton den hasserfüllten Putin, darunter die durchlaufende Zeile: Teilmobilmachung von 300.000 russischen Soldaten. Ich hier mit meinem persönlichen Drama und da eine Ankündigung, die – fast absehbar – im ganz großen Drama enden kann. Alles unwirklich. Und doch so real.

Ergebnis dieser Tumorkonferenz: Der Krebs hat nicht in andere Organe ausgestrahlt. Ich komme wahrscheinlich, na, vielleicht an der gefährlichen OP vorbei! Man werde nun versuchen, den Tumor zu bestrahlen, ihn gleichzeitig mit einer Chemo zu bekämpfen, »ein Spaziergang« werde das alles nicht, sagen die Ärzte.

Sie gehen davon aus, dass gute Heilchancen bestehen. Ich spüre, wie Leben und Lust und Freude (wenn auch verhalten) in mich zurückkommen. Deshalb stelle ich an die Konferenzteilnehmer diese Frage: Soll ich mir für die Chemotherapie eine Perücke machen lassen? Nein, sagt ein junger Arzt bei dieser plötzlich so schönen Konferenz, ein Arzt mit vollem, blonden Haar, der Hauptdarsteller in einer Ärzteserie sein könnte: »Bei dieser Chemo gehen Ihnen die Haare nicht aus!«

Auf dem Weg vom Krankenhaus zurück in unsere Wohnung – Barbara kauft eine Flasche Champagner.

23. September 2022

11 Uhr 30: Komme von der Therapiebesprechung zurück. Wieder war ich fast unfähig, wirkliche Fragen zu stellen, das macht wieder Barbara. Ich sitze da, beobachte die Szene von außen, drei Menschen in einem kleinen Raum, zwei sind sehr traurig, und die dritte Person möchte helfen. Und muss doch die Dinge erzählen, die auf mich zukommen können: Durchfall, Müdigkeit, Depression, Leistungsabfall, Erbrechen, die Bestrahlung kann auch Schäden im Genitalbereich auslösen. Ich höre zu und vergesse, versuche, alles zu vergessen. Muss diese Sitzung verdauen. Die Freude von gestern macht sich davon. Barbara und ich schieben sehr langsam unsere Räder an der Außenalster entlang. Das hilft.

Die nächsten Monate werden hart. Achterbahn. Vielleicht komme ich in eine medizinische Studie? Die Therapie, die bei mir angewendet wird – das machen die Ärzte erst seit gut einem Jahr. Es geht mit Chemo los, ein ziemlich heftiger Cocktail, dem folgt ein Mix aus Chemo und Bestrahlung. Die Ärzte hoffen, dass sie damit den Tumor wegschießen, komplett wegschießen können. Wenn nicht, wird es schrecklich für mich. Der Krebs hat sich an der unmöglichsten Stelle festgekrallt. Kommenden Donnerstag geht es los mit der Behandlung. Morgen fahren wir nach Königsbronn. In meinen Geburtsort auf der Schwäbischen Alb, wo Barbara und ich das Haus meiner Eltern übernommen haben.

Nachtrag: Alle zwei Wochen, drei Monate lang, mindestens, krieg ich einen Infusionsbeutel fest an meinen Körper geschnallt.

ZWEI

Königsbronn, 25. September 2022

Auf der Fahrt nach Königsbronn regnet es ununterbrochen von Hamburg bis fast nach Kassel. Und wie der Scheibenwischer den Regen wegwischt, versuchen meine Augenlider, meine feuchten Augen trocken zu halten. Barbara und ich reden wenig, wir wollen Musik hören – aber verblüffend viele Lieder haben nun Inhalte, die meine Traurigkeit unvermutet vergrößern, etwa »Yesterday« von den Beatles:

> *Yesterday*
> *All my troubles seemed so far away*
> *Now it looks as though they're here to stay*
> *Oh, I believe in yesterday*
> *Suddenly*
> *I'm not half the man I used to be*
> *There's a shadow hanging over me*
> *Oh, yesterday came suddenly*

Oder schon allein die rau-knarzige Stimme von Tom Waits bringt mich fast zum Heulen, Abhilfe dann, als Barbara »Help!« singt:

> *I need somebody*
> *(Help) not just anybody*

(Help) you know I need someone, help
So much younger than today
(I never need) I never needed anybody's help in any way
(Now) but now these days are gone (these days are gone)
I'm not so self-assured
(…)
Help me if you can, I'm feeling down
And I do appreciate you being 'round
Help me get my feet back on the ground
Won't you please, please help me
(…)
Help me if you can, I'm feeling down
And I do appreciate you being 'round
Help me get my feet back on the ground
Won't you please, please help me, help me, help me

Vor ein paar Jahren haben wir die Musikkomödie »Yesterday« gesehen. Wer den Film noch nicht kennt: unbedingt angucken. Und da singt der Hauptdarsteller eine Version von »Help!« in einer beklemmenden Intensität und mit großer emotionaler Wucht. Barbara schafft es auf dieser Fahrt in unserem Auto, dieses Lied in einer ähnlichen Intensität zu interpretieren: »And I do appreciate you being 'round! Help me get my feet back on the ground!«

Je näher wir nach Königsbronn kommen, desto trauriger werde ich, ich kann mich nicht dagegen wehren. In Würzburg essen wir in dem kleinen Restaurant mit dem lustig-programmatischen Namen »Glouglou«, und, gluckgluck, zu dem Essen trinken wir eine Flasche Wein, für Momente ist die alte Unbeschwertheit wieder da.

In Königsbronn ist es ziemlich kalt, im Haus hat es gerade noch elf Grad, draußen aber ist der Garten wegen des Regens zum grünen Dschungel explodiert; es gibt Tomaten ohne Ende, Zucchini, Äpfel, Birnen. Schade, dass wir das nun nicht alles ernten können. Nachbar Dietmar wird das in den kommenden Wochen tun.

Weil es im Haus so kalt ist, gehe ich zu meiner Verwandten Andrea; ihre Familie hat, wie es bei uns in Königsbronn heißt, »einen Schlag im Wald«, also Holz. Ich frage sie, ob sie ein paar Holzscheite für meinen Kaminofen hat.

Am nächsten Morgen ist bei uns im gelben Hüttle fein säuberlich, total perfekt, eine Holzbeige hochgewachsen. Heimlich hat das Ulrich, Andreas Mann, gemacht – mich bringt das zum Weinen. Hilflose Dankbarkeit.

Zum letzten Mal habe ich geheult, als ich miterlebte, wie meine kleine Schwester Doro, sie hatte ALS, starb.

Ihr Sterben hat mich aus der Bahn geworfen. In den Minuten, als sie starb, war ich bei ihr im Krankenhaus, sie konnte nicht mehr schlucken, nichts mehr essen, plötzlich quoll weißer Schaum aus ihren Ohren, ihrem Mund, ihrer Nase, ihren Augen, in mir schrie es, ich bat die Ärzte: »Drehen Sie den Morphiumdiffusor höher, Sie sehen doch, wie sie leidet, tun Sie was! Helfen Sie ihr, bitte. Bitte.«

Ich kann nicht, sagte eine Ärztin, ich darf nicht. Dann, sagte ich, »bringe ich meine Schwester um«. Die Ärztin ging, ich legte ein Kissen über das Gesicht meiner Schwester, die Ärztin kam zurück, sah mich, erschrak, ging zum Morphiumdiffusor und sagte: »Nun gehe ich über das hinaus, was ich darf.«

»Danke«, sagte ich.

Drei Tage später war die Beerdigung; es war, wenn man das so sagen darf, eine schöne Beerdigung – dank der vielen Freunde von Doro, Musik von ihnen, es war berührend, bewegend.

Ich hielt die Grabrede:

Liebe Mama, lieber Rudi, liebe Anneliese, liebe Barbara, liebe Chantal, liebe Trauergemeinde, ach, ich sage jetzt einfach: liebe Freunde.

Ich weiß nicht, ob ich diese Rede durchstehe. Dass ich hier stehe, das war im Plan nicht vorgesehen. Unser Plan war der: dass Dorothee, die Jüngste von uns, mal die Blumen auf unseren Gräbern gießen sollte. Das wäre der normale Lauf der Geschichte gewesen, das war unser Wunsch, unsere Hoffnung.

Aber die Natur ist unberechenbar, sie geht einfach über uns hinweg.

(…)

Als sich die ersten Zeichen ihrer Krankheit zeigten, das, was sie »Schlappfuß« nannte, dass sie keine Kontrolle über ihren linken Fuß mehr hatte – es ist gerade mal zwei Jahre her, so richtig ernst nahmen wir das nicht, dachten, das wird schon wieder okay. Und auch Doro, so schien es mir, nahm erst kaum Notiz von diesen seltsamen Sachen, die da in ihrem Körper passierten. Ist ja nicht so wichtig, das bin ja nur ich.

Doro wollte nie ein Aufheben um sich. Nie im Mittelpunkt stehen, das vor allem nicht. »Immer habe ich andere trösten müssen. Als ich vom Hund gebissen wurde, habe ich Mutter getröstet. Als ich vom Auto angefahren wurde, habe ich die Fahrerin getröstet.« Das war Doro, und so war es auch sehr schwer für sie, Hilfe anzunehmen. Das hat sie erst spät, Schritt für Schritt, mit der Krankheit gelernt.

Eines meiner letzten Worte zu ihr, sie selbst konnte schon nicht mehr sprechen, im Krankenhaus in München war: »Doro, jetzt stehsch im Mittelpunkt, aber dass du dich so dafür anstrengsch, des hätt ned sei missa.« *Sie lächelte, drückte meine Hand.*

(…)

Doro schaffte manchmal Wundersames.

Das Wunder ihrer Heilung von dieser so hundsgemeinen und so heimtückischen Krankheit, das hat sie nicht geschafft.

(…)

Am 12. Dezember 2009 war ich in Königsbronn, es ist bis heute einer der traurigsten Tage meines Lebens. Barbara rief mich am Nachmittag aus Hamburg an, sie klang bedrückt, weinte leise, konnte kaum reden. Ja, José, ein Arzt und Freund von uns, Spezialist für Nervenkrankheiten, hatte sich Doros medizinische Befunde angeschaut, Befunde, die kein Arzt – weder in München noch in Tübingen – Doro erklärt hatte. Seine Diagnose: Dorothee hat ALS, kaum Zweifel für ihn. Die schlimmste Diagnose.

Soll ich der Mutter was sagen? Oder ihr alles verschweigen? Bei dir in der Familie wird immer offen geredet, meinte Barbara, sag es ihr.

Ich setz mich zu Mutter an den Tisch, ich will es ihr sagen. Meine Stimme bricht weg, ich fang an zu weinen, erklär ihr dann – verschwommen, ungenau – die Diagnose, will es abmildern, aber mein Weinen, das erste Mal seit vielen, vielen, vielen Jahren, zeigt ihr, was ich befürchte. Doro – der Mensch, anders als ich, nie polarisierend, wie gesagt: ausgleichend, immer freundlich, immer hilfsbereit – Doro soll nun diese furchtbare Krankheit haben.

Abends Telefonat mit José. Er klingt sehr bestimmt, ihm ist bewusst, was er mit der Diagnose anrichtet, meint, die Doro muss für sich eine behindertengerechte Wohnung finden, ziemlich schnell, so rasant wie sich bei Doro die Symptome entwickelt

22

haben, werde die Krankheit sehr rasch und aggressiv vorangehen. Nein, einen spontanen Stopp gebe es nicht, diese Krankheit sei schlimmer als Krebs, die Ärzte können nichts machen, gar nichts, es gebe nicht die tröstende Illusion von Hilfe, man kann nichts wegschneiden, keine Chemo, man sei völlig hilflos. Das Ende sei absehbar, ein paar Jahre allenfalls blieben Dorothee noch, immer schlimmer werde es, Atembeschwerden, Schluckbeschwerden, Bewegungslosigkeit, alles werde absterben, alles – bis aufs Gehirn.

Anfang März im vergangenen Jahr ist Doro am Telefon, sie stehe gerade in ihrem Zimmer vor ihren Regalen, sie möchte wissen, ob ich meine Bücher wiederhaben möchte, oder sonst irgendwas, sie sortiere nun alles Unwichtige aus. »Klick«, sagt sie, habe es gerade bei ihr gemacht, klick habe es gemacht, sie sagt: »Ich muss loslassen können.«

Wir können uns kaum ausmalen, wie die vergangenen Monate für Doro waren. Morgens um halb acht in den Rollstuhl gehievt, abends um halb neun rausgehievt, dann ins Bett gebracht. Die langen Nächte. Mit den rasenden Gedanken. Der Angst. Und fast jeder Tag ein weiterer Rückschlag, fast jeden Tag musste sie Selbstverständliches, Liebgewordenes aufgeben. Jeder Tag eine neue Einschränkung, jeder Tag ein schrecklicher Verlust.

(...)

Seit ein paar Jahren gibt es in unserer Familie in Königsbronn ein schönes Ritual: Dorothee und ich kochen für unsere Mutter, unseren Döte, für Andrea, für Ulrich und die Kinder ein Weihnachtsmenü. Zum letzten Mal machten wir das 2009 – und es kostete viel Kraft.

Weihnachten 2009: Ich hole Doro vom Zug ab, es tut weh zu sehen, wie sie sich mit dem Gepäck aus dem Zug müht, wie sie sich bewegt, Hüfte hoch, ganz verdreht, sie am Stock, ich kann ihr kaum zusehen. Ich könnte aufschreien. Sie aber ist tapfer, gut gelaunt. Sie macht dann den Nachtisch und die Suppe, hält sich unter großer Anstrengung aufrecht.

Sie selbst darf kaum etwas essen. Sie hat eine karge Spezialdiät, ich glaube nicht an das Diät-Zeugs, aber für sie scheint es gut zu sein: Da ist das Gefühl in ihr, ich kann gegen die Krankheit kämpfen.

Irgendwann am Nachmittag sagt Doro, sie sagt es so dahin, es ist doch auch schön, so krank zu sein, alle helfen, sind so hilfsbereit, kümmern sich um mich.

Am zweiten Weihnachtsfeiertag fahren Barbara und ich morgens zurück nach Hamburg, zum Abschied umarme ich Doro, hab einen Kloß im Hals, sage: Ich wünsch dir viel Kraft. Und könnte aufschreien. Gibt es eine Gerechtigkeit? Warum dieses Leid für Doro? Dieses sinnlose Leid? Diese Qualen? Warum bloß?

Abends rufe ich Doro an: In mir die Angst, dass es für sie zu viel wird, sie es nicht schafft, sie zerbricht.

Bei den Telefongesprächen merke ich nun, wie ich auf ihre Stimme achte: Ist sie gut drauf, unterdrückt sie etwas? Ich sage nun nicht mehr leichthin: Alles Gute. Wie geht es dir? Jedes Wort kommt nun auf die Goldwaage.

Ich merke auch, wie ich in der Stadt, also in Hamburg, in der U-Bahn nun plötzlich überall Behinderte sehe, Leute in Rollstühlen, Menschen mit Krücken. Ach, die habe ich nur für ein paar Tage, sagt eine Frau, als ich ihr aus der U-Bahn helfe. Wenn es für die Doro nur auch so wäre!

An Ostern 2010 ist Dorothee in der Reha in Konstanz. Am Karfreitag fahren Mama und ich zu ihr hin, schönes Wetter, die Alpenkette voller Schnee, Birnau, herrlicher Blick über den See, die Berge, wunderbare Überfahrt, alles okay, im Hintergrund aber zwischen Mama und mir: Trauer. Unausgesprochen: Trauer. Schmerz.

24

Stille Verzweiflung.

Nachmittags sitzen wir drei auf einer Bank auf der Insel Reichenau, im Hintergrund eine alte Kirche. Sonne. Die ersten Kätzchen kommen aus den Bäumen. Das Blau des Sees. Eine alte Frau sagt: »Wie schön, drei so fröhliche Menschen hier zu sehen.«

Eines meiner letzten Telefonate mit Dorothee, sie sagt: Es ist schwierig, die Hoffnung nicht zu verlieren. Ich heule viel, weiß nicht, was wird. Ich muss alles loslassen.

Es geht auf die Lunge, sagt sie. Es geht nicht mehr voran mit mir, es geht so schnell schlechter. Im Arm zucken die Muskeln. Die Lunge, ich bin schnell schlapp. Ich muss die restliche Zeit nutzen.

Ich mach keine Routineuntersuchungen mehr. Es bringt nix.

Ich sehe keinen Sinn drin, mich abklopfen zu lassen. Das bringt mir nix.

Ich spür, wo es hingeht.

Mein Körper ist jetzt der Diktator.

Das ist ein ganz schöner Scheiß.

Ich will keine Beatmung.

Ich will keine Magensonde.

Ich will keinen Luftröhrenschnitt.

Ich werde sterben.

Ich werde sanft sterben.

Mein Leben in den Fotoalben. Willst du es?

Die alte Singer-Nähmaschine von 1937: Willst du sie?

Den Stuhl, den Anke und Hanne restauriert haben? Willst du ihn? Du musst aber gut zu ihm sein, sagt sie, da steckt viel Arbeit drin. Willst du ihn?

Sie sagt: Ich habe heute Zwiebelrostbraten gegessen, das war gut.

Eine Postkarte von Doro liegt neben mir. Eine Abendaufnahme von ihr vom Bodensee, man sieht einen Steg, der ins Wasser führt,

unendliches, dunkles Wasser, kein Mensch zu sehen, sie schreibt:
»Ein letzter Gruß.«

Am 5. März, also am Samstag vor zwei Wochen, feiert Doro-
thee ihren 48. Geburtstag. Es ist, sagen die, die dabei waren, ein
wunderbarer Geburtstag, wie immer bei ihren Einladungen ein
hingebungsvolles Fest. Ein Fest der Freude und Freunde. Es ist,
so hat sie es wohl geplant, ihr Abschiedsfest, zwei Tage vorher hat
sie ihre Patientenverfügung aufgesetzt. Am Sonntag und Montag
telefoniere ich mit ihr, sie kann kaum mehr reden, ist überaus
schwach, völlig erschöpft. Am Dienstag frag ich sie, ob ich zu ihr
kommen soll, sie haucht: »Ja.«

Doro kommt ins Krankenhaus. Mittwoch Nachmittag kom-
men Barbara und ich zu ihr, sie freut sich sehr. Sie kann nur
noch zuhören, mühsam mit der Hand, kaum leserlich, Dinge in
ein blaues Heft schreiben: »Mehr Leitungswasser.« »Sie sind nett
hier.« »Essen ist sehr mühselig.« »Ich reiß mich nicht zusammen.
Ich bin wie ich bin.«

Und: »Ich kann euch eure Angst nicht nehmen.«

Ein Arzt ist optimistisch, er meint, wir kriegen ihre Stimme
wieder hin. Er meint, die Lungenentzündung, die haben wir im
Griff. Sie muss halt danach ins Heim. Ich glaube ihm nicht. Do-
ros vorletzter Eintrag in dem blauen Heft ist: »Das Danach ist
nicht erfreulich.« »Nicht erfreulich«, das schreibt sie zweimal.

Für mich der Hinweis: Ich will jetzt sterben.

Am Donnerstagabend vergangener Woche, kurz nach 18 Uhr, ist
Dorothee eingeschlafen. Friedlich und entspannt. Die Ärzte, Gott
sei Dank, halfen ihr, dass es ohne Schmerzen geschah.

Am Freitagmorgen find ich bei ihr im Bett einen zerknitter-
ten Zettel, ein Zettel mit zehn handgeschriebenen Sätzen, unter

anderem: »Verzeihen heißt, den Schmerz loslassen. Mich selber verstehen, dass ich so bin wie ich bin.«

Und, ihr allerletzter Satz: »Ich bin wertvoll.«
*   Ja, Dorothee, liebe Dorothee, viel zu früh verstorbene Dorothee, du bist wertvoll. So wertvoll, dass es einem das Herz zerreißt.*

DORO.

26. September 2022

Nachbarin Ute, Dietmars Frau, bringt fürs Frühstück einen Kuchen vorbei – einfach schön.

Langes Telefonat mit meiner Schwester Anneliese. Anneliese hat seit Langem SCA, eine fürchterliche Krankheit, an der unser Vater gestorben ist. Anneliese geht seit Jahren mit dieser so seltenen Krankheit ungemein – ich benütze nun ein Wort, das ich nie benütze –, ungemein »tapfer« geht sie mit dieser hundsgemeinen Krankheit um, und sie sagt nun, dass sie wahrscheinlich die Einzige sei, die nachempfinden kann, wie man sich mit so einer Diagnose fühlt. Sie beschreibt sehr genau meine Stimmungen: dass man mit dem Gedanken »Krebs!« ins Bett geht, mit dem Gedanken »Krebs!« nachts häufig aufwacht, dass man denkt, man sei im falschen Film, das kann doch alles nicht wahr sein, dass man morgens mit dem Gedanken »Krebs!« aufsteht. Dass man an jeder Wand den Schriftzug »Krebs!« sieht.

DREI

Hamburg, 28. September 2022

In den vergangenen Tagen nur einen Satz aufgeschrieben: »Diese Drecksau in meinem Körper soll mein Leben nicht beherrschen.«

Unser Garten in Königsbronn war Ablenkung. Als ich mich mal nach der Gartenarbeit duschte, mich abtrocknete, waren diese Gefühle wieder da, die ich kaum mehr kenne: Zufriedenheit. Unbekümmertheit. Dieser Schriftzug an der Wand war weg – zumindest für ein paar Minuten.

Diese Drecksau in meinem Körper soll mein Leben nicht beherrschen.

Auf der Rückfahrt nach Hamburg ruft mich ein alter Fußballkumpel an. Ich schicke einigen Bekannten und Freunden unter dem Begriff »Traurig« ausgewählte Teile meiner Tagebuch-Aufzeichnungen. Ich mache das auch, um bei Begegnungen die oft so lässig hingeworfene Frage: »Wie geht es dir?« zu vermeiden. Ich verschicke meine Innenansichten – denkend, dass sie schwer sind, bedrückend, vielleicht sogar belastend, meist versehen mit dem Zusatz: »Du musst das nicht lesen, vielleicht ist es zu traurig. Ich möchte dich nicht überfordern, dich nicht mit meinen Sorgen belästigen.«

Ein Freund schrieb zurück: »Mir ist das zu intim.« Jetzt am Telefon sagt der Fußballkumpel sehr wenig, er sagt fast nur: »Scheiße, Scheiße, Scheiße.« Und das hilft.

Seit ein paar Wochen habe ich im Hamburger Abendblatt eine Kolumne mit dem Titel »Merkwürdige Zeiten«. Als ich diesen Titel vorschlug, ahnte ich noch nicht, wie merkwürdig diese Zeiten für mich persönlich werden würden.

Es mag vielleicht komisch klingen, aber diese Kolumne, in der ich über alles schreiben kann, ist nun ein kleiner Trost für mich. Heute, ganz konkret, löst eine Überschrift in der »Süddeutschen Zeitung« in mir Gedanken für meine Kolumne aus, die Lichtjahre weg sind von dieser Drecksau in meinem Körper, sie lautet: »Booty Call«.

Mal sehen, wohin mich meine »Booty-Call«-Gedanken führen.

Plötzlich erfreuen mich Dinge, die mich bis vor Kurzem nicht besonders bewegt hätten, zum Beispiel so etwas: Blumensträuße aus unserem Königsbronner Garten.

29. September 2022

In unserer Küche ist eine Herdplatte kaputt, man kann sie nicht mehr reparieren. In den vergangenen Tagen, obwohl ich nicht in der Lage war, neulich mit dem Techniker darüber zu reden, habe ich mich intensiv mit Herden und Kochfeldern beschäftigt. Es ist schon erstaunlich, wie man sich ablenken kann, wie groß die Sehnsucht nach anderen Gedanken ist. Ich habe nun beschlossen, einen neuen Herd mit neuem Kochfeld zu kaufen, und das mag nun lächerlich klingen: Damit ich ein weiteres Ziel habe, auf das ich zulebe. Der Herd ist teuer, damit er sich rentiert, muss ich noch ein gutes Weilchen durchhalten – i benn doch a Schwob.

Ich meide nun Orte, wo die Wahrscheinlichkeit groß ist, Bekannte zu treffen. Bekannte, die ich nicht wirklich gut kenne, zum Beispiel Arbeitskollegen von früher, mit denen ich aber reden müsste. Doch ich habe keine Lust mehr auf Gequatsche, etwa: Wie geht es dem Stern, dem neuen Chefredakteur, wie geht es der Auflage, was macht XY?

Gestern habe ich diese Mail bekommen:

Lieber Herr Luik!
Danke, auch dafür, dass Sie weitermachen! Ihre Gedanken sind sehr wichtig für mich geworden. Journalisten mit und aus Überzeugung scheinen auszusterben. Ich selbst konnte und kann nur Arbeiten leisten, von denen ich überzeugt bin, aber dann muss ich es auch tun. Das gehört zum Menschsein. Und Sie werden noch benötigt! Abschiedsgedanken müssen noch warten, auch der Eisenhut. Es gibt Mittel, um die innere Ruhe zu verbessern.
Hab einen wunderbaren Freund und Gesprächspartner, der vor wohl 6 Jahren einen Magenkrebs mit OP und allen Folgen über Jahre durchlebt und erduldet hat. Er ist auch Journalist. Wenn die kommenden Belastungen vorbei sind, könnten wir uns vielleicht treffen? Ich habe viel von ihm gelernt und hoffentlich auch begriffen.
Die Ohnmacht, nicht helfen zu können, ist auch eine anhaltende Belastung. Das Wissen um Ihr Befinden hilft, sie zu ertragen.
Ich harre Ihrer Lebenszeichen.

Beste Grüße und nochmals Dank
J. S.

Heute kam diese Mail:

Guten Morgen, Arno.

Was ist denn das für eine Scheiße?! Entschuldige, dass ich nicht sofort geantwortet habe, aber das hat mich erst einmal zum Schweigen gebracht. Und die richtigen Worte finden sich eh nicht, für eine solche Lage der existenziellen Dinge ...

Verdammte Scheiße. Hilft nicht, weiß ich, aber mehr fällt mir derzeit nicht ein. Kurzum: Entschuldige meine Sprachlosigkeit – und Dank für Deinen offenen Umgang mit diesem Dreck. Mensch, Arno – ich ruf Dich, glaube ich, lieber demnächst an, wenn Du einverstanden bist.

Sei herzlich gegrüßt, geschüttelt, gefoult, beschimpft, was weiß ich –
V.

Eine alte Freundin, Studienkollegin aus Tübinger Tagen, die ich durch Zufall vor zwei Jahren wiedergetroffen habe, und obwohl wir uns Jahrzehnte nicht gesehen hatten, waren wir uns sofort so vertraut wie vor Jahrzehnten – schrieb dies:

Lieber Arno,
natürlich habe ich es gelesen, obwohl es wirklich traurig macht. Die Aussichten sind bei dieser Therapie mit den genannten – möglichen – Begleiterscheinungen verständlicherweise schwer zu verkraften. Und doch musst Du da durch und darfst die Hoffnung nicht aufgeben!, dass es am Ende dieser Prozedur einen für Dich positiven Durchbruch gibt.

Dazu brauchst Du jetzt alle Deine Kräfte. Zu gerne würde ich etwas dazu beitragen, Deine Situation erträglicher zu machen, von hier aus – ich bin in der Zwischenzeit wieder in Lauffen ge-

landet – ist es schwierig. Zum Glück ist Barbara bei Dir. Sie wird
Dich sicherlich mit all ihren Kräften unterstützen.

Ich weiß nicht, ob ich verbal Deinen Worten in diesem Me-
dium gewachsen bin. Ich fühle mich nicht so wortstark, finde
nicht die richtigen Worte.

Halte durch. Es wird dauern, aber es gibt auch wieder Wen-
dungen in die andere Richtung.

Herzlichen Gruß, Ingrid

War vorhin im Marienkrankenhaus, EKG, Vorgespräch wegen
der Implantation des Ports, also eines Katheders. Im Wartezimmer ein Plakat, auf dem der Comedian Atze Schröder
mild-traurig lächelnd erklärt: »Wenn es um Darmkrebs geht,
hört bei mir der Spaß auf« – und er verspricht: »Darmkrebs ist
zu 100 Prozent heilbar, wenn ...« Wir werden sehen.

Wohin mich gestern meine Gedanken, ausgelöst durch diese
Booty-Call-Überschrift, führten? Ins nahe Eppendorf, danach
zu einem kleinen Text und einer E-Mail an den stellvertreten-
den Chefredakteur des Abendblatts:

Lieber Herr Iken,
im Anhang die nächste Folge meiner Kolumne, ich hoffe, sie gefällt
Ihnen. Ich schreibe sie schon jetzt, denn bald soll – hoffentlich –
meine Therapie beginnen, mit sehr heftigem Chemo-Einsatz. Wie
ich mich dann fühle? Deshalb, zur Sicherheit, der beiliegende Text.

Wie es mir geht? Surreal. Ich habe keine Schmerzen und bin
doch sehr krank, fühle mich aber pudelwohl.

Sie können mich gerne anrufen, der Besuch beim »Bocksbeutel«
mit Bocksbeutel muss wohl warten.

Herzlich Arno Luik

Und hier die Kolumne:

Merkwürdige Zeiten

Kommen Sie mal nach Little Notting Hill, ach ...
... Sie wissen nicht, wo das ist? Was das ist? Egal. Bringen Sie
auf jeden Fall ein Wörterbuch mit.

Auslöser für diesen Text war eine Überschrift vor ein paar Wochen im Feuilleton der Süddeutschen Zeitung: »Booty Call«.
Booty Call?

Jüngere werden sagen: Ist halt nicht deine Welt. Und ich sage: doch. Es ist auch meine Welt. Ich bestehe darauf.

Mir macht es immer weniger Spaß, mich durch Sätze, Texte, Wortzusammenballungen zu quälen, die man oft nur versteht, wenn man des Amerikanischen mächtig ist beziehungsweise, Entschuldigung, des angesagten Instagram-Pidgin-Gestammels. LOL.

Vor ein paar Jahren, ich war Autor einer Zeitschrift, nennen wir sie jetzt mal zeitgemäß »Star«, da bekamen plötzlich fast alle Stellen pompös-aufgeblähte Bezeichnungen. Ein paar Beispiele: Es entstanden Managing Editors, ein Quality Board etablierte sich, Channel Managers tauchten auf, ein Creative Manager sowieso, uswusf. Natürlich gab es auch einen Newsroom und etwas, das ich bis heute nicht verstehe: Ein Editorial SEO stellte sich ein und tat irgendwas. Ohne ein Kick-off-Meeting durfte man kaum mehr das Haus verlassen. Klang für manche fürchterlich modern, das alles, aber ob das Wortgeklingel Arbeitsklima oder Originalität oder Kreativität erhöhte? Die Auflage? Fuck, ich glaube nicht.

Vor ein einigen Jahren führte ich ein Interview mit dem damaligen Porschechef Wendelin Wiedeking. Er galt damals

als Deutschlands bester Manager, Freund des Kanzlers, er war der Held, der Porsche vor dem Untergang gerettet hatte. Und dieser Wiedeking machte sich mächtig lustig über den großen Rivalen Daimler – weil dort die Vorstandssitzungen unter dem neuen Vorstandsvors …, ah, CEO plötzlich auf Englisch stattfanden. Dabei weiß doch wohl keiner von denen, spöttelte der Porschechef, was »Vierkantkreuzschlitzschlüssel« auf Englisch heißt, und er berichtete von Daimler-Kollegen, die sich bei diesen Sitzungen nicht mehr zu Wort meldeten, da ihr Schwäbisch-Englisch sie als gestrige Provinzler entlarvt hätte.

Als Hartmut Mehdorn bei der Bahn an die Macht kam, präsentierte er seine Zukunftspläne in einem sehr dünnen Thesenpapier mit dem sehr protzigen Titel »Hubs and Spokes«. Wörterbuch zur Hand? Wohin diese »Naben« und »Speichen« die Bahn führten, das weiß heute fast jeder.

Mir wird eine Sprache übergestülpt – ironischerweise auch oft von jenen, die sich etwa im »Gender«-Bereich gerne als Sprachpolizist*Innen gerieren und scharf darauf achten, dass man sich ja keiner »kulturellen Aneignung« schuldig macht. Die selber aber mit ihrer amerikanisierten Floskelsprache sich gewissermaßen kultureller Unterwerfung hingeben – obwohl sie sich als Avantgarde fühlen.

Kleiner Ausflug: Ein Freund von mir, seit vielen Jahren im Einsatz für eine bessere, eine gerechtere Welt, organisierte vor einiger Zeit eine Veranstaltung zum Thema »Hamburger Bewältigung kolonialer Vergangenheit«.

Er wollte politisch korrekt sein, nein, top-politisch korrekt, in seinem Referat sprach er versehentlich von »colored people« – ein fataler Fehler. Er hätte von »people of color« reden sollen, noch besser von PoC (sprich: pie ou sie).

Plötzlich stand er, der verdienstvolle Kämpfer für mehr Gerechtigkeit, als dummer, alter weißer Mann da. Nur: Was heißt People of Color, PoC? Dasselbe wie Colored People. Antwort: Farbige. Hätte mein Freund aber dieses Wort benützt, das problemlos jeder versteht (und zu dem ist ja Sprache da), er wäre, wetten, von der Bühne gejagt worden – als tumber Reaktionär.

Zwischenbemerkung: Ich habe in Wales studiert, in den USA studiert und gearbeitet, Amerikanisch war lange Zeit so etwas wie meine zweite Muttersprache – aber warum brauche ich für den Alltag hierzulande bald ein Wörterbuch?

Vorhin war ich in Little Notting Hill. So, kein Witz, nennen sich Teile von Eppendorf. »Spread your love« begrüßte mich ein kleines Schild mitten auf dem Gehweg, ich ging vorbei an »Just Hair! Cuts & Color!«, ging vorbei an »Jewelry, walk this way!«, ließ »Room 27« links liegen, staunte über »Poetry of Nature«, begutachtete die Klamotten bei »Queen for a Day«, verstand Bahnhof beim Laden »Twelve – Peace, Respect, Tolerance«, wurde von einem kleinen Transporter mit der Aufschrift »Tree Solution« überholt; bei einem Geschäft hätte ich anheuern können u. a. als »Head of Retail«, »Sales & Business Development Manager«.

Ach, ich kam auch noch an einem Geschäft vorbei, das hieß so: »Kurzwaren«. What's that? Körzwären?

Strange times.

Als ich von dem kurzen Spaziergang durch Eppendorf/Notting Hill heimkomme, liegt vor meiner Wohnung dieser Zettel meiner Nachbarin:

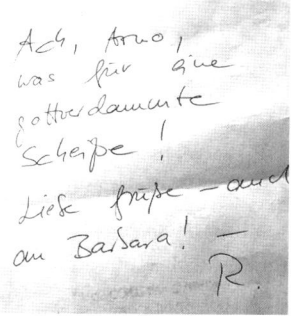

Ach, Arno!
was für eine
gottverdammte
Scheiße!
Liebe Grüße – auch
an Barbara! –
R.

1. Oktober 2022

Heute habe ich mir so viel vorgenommen, dass ich gar keine Zeit habe, krank zu sein. Es sind so viele Gedanken in meinem Kopf, dass ich hilflos vor dem Computer sitze: Wie strukturiere ich, was in meinem Kopf herumtollt? Mit was fange ich an? Ich laufe in der Wohnung herum, esse Heidelbeeren, mach mir Tee, guck durchs Fenster auf das Wetter, das zu meiner Stimmung passt: Regen, dunkel, düster.

Ich mache keine Kompromisse mehr!

Was das heißt? In all den Jahren, in denen ich, so wurde ich medial gelegentlich bezeichnet, als »Star-Autor« oder »Edelfeder« des Stern Kommentare zur Weltlage schrieb – es gab so gut wie keinen, der problemlos veröffentlicht wurde. Häufig wurde versucht, meine Meinung abzuschwächen, meine Haltung zu relativieren, und wenn der Kommentar dann nach Kampf, Streit, Nerverei erschien, wurde er oft mit einem Warnhinweis an die Leser versehen, beispielsweise so: Ein Aufschrei von Arno Luik. Eine Polemik. Eine Glosse. Ein Ausruf. Die Botschaft an die Leser: Ihr müsst das nicht so ernst nehmen, was hier steht.

Ein Kommentar zur Weltfinanzkrise 2008, der mir überaus wichtig war, durfte nicht erscheinen, das machte die Chefredaktion sekundenschnell klar; das Verbot habe nichts mit Politik zu tun, ich solle ja nicht von Zensur reden, es stimme einfach nicht, was ich behaupte.

Hier ist der Verbotene mit seinem programmatischen Arbeitstitel:

Die Diktatur des Kapitals

Es ist der helle Wahnsinn, was in diesen Tagen passiert, man reibt sich erstaunt die Augen. Jahrelang, auf allen Kanälen, in fast allen Medien, war das gleiche Lied zu hören: Man müsse an den Agenda-2010-Reformen festhalten – »unbeirrt«, von »alternativlosen Reformen« sprach stets Kanzler Schröder. Und Reformen, das hieß: Deregulierung der Kapitalmärkte und des Arbeitsrechts, Senkung von Unternehmens- und Unternehmer-steuern, Privatisierung öffentlichen Eigentums, Abbau des So-zialstaats, Arbeitszeitverlängerung. Überall hörte man, las man, zu teuer sei der Sozialstaat, kein Geld sei da für »sozialen Klim-bim«, es gehe um den Standort Deutschland, um Generationen-gerechtigkeit.

Groß waren die Worte, Sachverständige, Lehrstuhlinhaber, Analysten, Experten, Politiker, Manager, Leitartikler sangen das gleiche Lied: Der Staat hemme den Fortschritt, der Staat, so der ehemalige BDI-Chef Michael Rogowski, sei »ein fürchterliches Gefängnis«, und mit schönen Worten, positiv besetzten Stereoty-pen wie »Eigenverantwortung«, »Eigeninitiative« und »Freiheit« wurde der Sozialstaat angegriffen und diffamiert. Der Markt richtet's, der Markt macht's, die unsichtbare Hand des Marktes, so hieß es, werde allen guttun.

Wer an der Weisheit dieser Worte zweifelte, wurde zum Au-ßenseiter abgestempelt, der nicht ernst zu nehmen ist. Wer es gar wagte, an die Sozialstaatsklausel des Grundgesetzes zu erinnern, wurde freigegeben zum Gespött, galt bestenfalls als Romantiker, der im Museum ausgestellt werden sollte.

Die Macht des Marktes – das war die neue Staatsreligion!

Und die Herren des Geldes – befreit von politischen Fesseln – durften schalten und walten, tobten sich aus. Und was ist dabei herausgekommen? Das Paradies? Nein, zutiefst verunsicherte Bürger, eine Gesellschaft so zerrissen wie noch nie, Millionengehälter für eine Kaste von Managern, Armut für Millionen, eine Gesellschaft am Abgrund.

»Das System wankt«, schrieb die Börsenzeitung, und in der ebenfalls kapitalfreundlichen FAS las man genauso Wundersames: »Marx hatte doch recht.« Man hört von Marktradikalen wie dem französischen Staatspräsidenten Nicolas Sarkozy, dass er Schlüsselindustrien verstaatlichen möchte, ganz zu schweigen von den USA und Großbritannien, wo die Banken unter Staatsaufsicht gestellt wurden.

Wenn es nicht so traurig wäre, könnte man auflachen, wie rasant nun plötzlich – nennen wir es mal so – das Kapital nach dem Staat ruft. Und wie rasant und brav Politiker diesem Ruf folgen. So viel Konvertitentum war selten, eigentlich kabarettreif. Doch wem nützt das Ganze?

Nun heißt es wieder – und wieder auf allen Kanälen, in fast allen Medien –, es gebe keine Alternative, der Staat müsse so massiv eingreifen, damit der Finanzkrach sich nicht zu einer katastrophalen Weltwirtschaftskrise ausweite.

Und in einem Eilverfahren ohne Beispiel stellt der Staat den bedrohten Banken 480 Milliarden Euro zur Verfügung! 480 Milliarden Euro – ratzfatz.

Erinnern wir uns, dass Hartz IV mal mit dem Fehlen von einigen Milliarden Euro im Staatshaushalt begründet wurde. Erinnern wir uns, dass nicht zurückzuzahlende BAföG-Stipendien abgeschafft wurden, weil sie einige Hundert Millionen Euro kosteten; erinnern wir uns, dass kaum Geld für den Ausbau von Kitas und Erhalt von Krankenhäusern da ist; erinnern wir uns, wie lange um eine Rentenerhöhung von etwas über einem Prozent gerungen wurde – es gebe, so hieß es, kein Geld, basta!

Und nun, plötzlich, ist Geld da, in Hülle und Fülle, der Staat greift ein, verschenkt Milliarden. Die Bosse der Banken und Versicherungen, die bisher den Staat verachteten, Gift und Galle spuckten, wenn von Regulierungen, von Gesetzen, von Verordnungen die Rede war, die jede Form der Verstaatlichung für Teufelszeug erklärten, selbst die Finanzhaie betteln nun, dass eben dieser Staat, ja, dass er Anteile bei ihnen übernehme! Wobei sie, so frech sind die Herren des Geldes noch immer, klarstellen, dass der Staat zwar helfen, aber nicht mitreden soll, das nicht! Money for nothing.

Es ist abenteuerlich. Die Finanzkrise ist nicht nur eine Krise der Banken oder gieriger Banksters. Es ist auch eine Krise der sogenannten Elite. Da fährt weltweit ein Wirtschaftssystem an die Wand – sodass Milliarden Menschen darunter leiden werden. Aber all die Experten, die Wirtschafts- und Politikführer tun so, als ob sie von dem Finanzkrach überrascht worden seien. Doch die Pleitewelle ist kein Tsunami, sie ist von Menschen gemacht – richtigerweise sprach Finanzminister Steinbrück von »Brandstiftern«. Ein paar Tage später entsorgt er seine Erkenntnis – und lädt die Brandstifter zum Löschen in sein Haus. Es ist der Irrsinn. Es ist, als ob die Gangster der Polizei erklärten, wo es langgeht, was rechtens ist.

Zum Beispiel Josef Ackermann. Der Chef der Deutschen Bank war in dem »Komitee zur Rettung der deutschen Banken«, er zog die Fäden für den 480-Milliarden-Euro-Rettungsplan.

Brandstifter werden normalerweise verhaftet, aber wir erleben nun, dass der Brandstifter zum Feuerwehrkommandanten ernannt wird. Es ist absurd, und so wächst der Zweifel, dass aus der Krise etwas Gutes entsteht.

Mit 480 Milliarden Euro bürgt der Staat (also der Bürger) für die Banken, 480 Milliarden Euro – man kann es auch so sehen:

Das ist die größte Umverteilung des Vermögens in der Geschichte des Landes. Der größte Diebstahl.

Und noch etwas ist in dieser Geschichte beklemmend: In einem Hauruckverfahren wurde das Rettungspaket durchs Parlament gejagt, angeblich war es ja »alternativlos«. War es wirklich alternativlos? Darüber wurde nicht geredet, und so erleben wir gerade auch einen Zusammenbruch des demokratischen Diskurses. Wir erleben ein Regieren im Ausnahmezustand. Die Rhetorik der Not herrscht – politisches Denken ist durch Notstandsdenken ersetzt.

Zur Erinnerung: Das Haushaltsrecht ist das Königsrecht des Parlaments. Und nun – so etwas gab es in der bundesdeutschen Geschichte noch nie – wurde der Finanzminister ermächtigt, 100 Milliarden auszugeben – ohne jemals das Parlament zu befragen, ohne sich zu rechtfertigen. So viel Macht hatte noch nie ein einzelner Minister. Anders ausgedrückt: Es herrscht nun, verblüffend offen, die Diktatur des Kapitals.

Es gibt keine Zensur. Es gibt die Pressefreiheit. Ein hohes Gut. So heißt es in den Sonntagsreden der Politiker, so ist auch das Selbstverständnis der führenden Journalisten, der Chefredakteure – die oft eng miteinander verbandelt sind. Das ist keine Polemik, nein. Es kommt ständig vor, dass Vertreter der sogenannten vierten Gewalt – die also Politik und Kapital beobachten, kritisieren, den Mächtigen gelegentlich auf die Finger klopfen, hauen sollen – zu Regierungssprechern mutieren, in die Propagandaabteilungen von DAX-Firmen wechseln, oft auch zur Deutschen Bahn.

Haben Sie das Gefühl, umfassend über den Ukrainekrieg informiert zu werden? Seine Geschichte? Seine Vorgeschichte? Die Rolle der USA? Der Nato?

Ich lese vier überregionale Zeitungen, mehrere Wochenzeitschriften, ich höre jeden Tag stundenlang den Deutschlandfunk. Aber ich höre und lese – bis auf sehr wenige Ausnahmen – das Gleiche.

Uniformität. Einheitsdenken. Herdenverhalten. Diese »Konformität unserer Medien«, klagte mal Zeit-Chefredakteur Giovanni di Lorenzo, »ist riesig«, so riesig, dass sie »uns auch schadet«.

Er war ein CDUler, Paul Sethe, der am 5. März 1965 in einem Leserbrief an den Spiegel schrieb: »Pressefreiheit ist die Freiheit von zweihundert reichen Leuten, ihre Meinung zu verbreiten. Frei ist, wer reich ist. Das Verhängnis besteht darin, daß die Besitzer den Redakteuren immer weniger Freiheit lassen, daß sie ihnen immer mehr ihren Willen aufzwingen.«

Heute sind es vielleicht noch 20 Leute.

Ich verbringe in diesen Tagen sehr viel Zeit in den Wartezimmern von Krankenhäusern, vor allem in den Wartezimmern der Radio- und Onkologie. Es ist dort still. Traurig die Gesichter der Wartenden. Der Kranken. Haben sie Angehörige dabei, kann man unmöglich sagen, wer krank, wer gesund ist. Ganz anders die Stimmung in den Wartezimmern der Chirurgie – wenn da Patienten mit Gipsbein, Gipsarm sitzen: Da ist Lachen. Da ist Geschrei. Das ganz normale Leben.

Vorgestern nochmals eine Vorbesprechung wegen meiner Chemo/Bestrahlungstherapie. Obwohl es die gleiche Praxis ist wie vor ein paar Tagen, empfiehlt der Arzt nun – anders als seine Kollegin zuvor –, zuerst mit der Bestrahlung zu beginnen. Als Barbara und ich erstaunt gucken, sagt er, es mache keinen großen Unterschied. Wir entscheiden uns für den Chemostart, der Grund: Die Bestrahlung würde erst in drei Wochen beginnen können. Doch ich möchte jetzt, sofort!, etwas gegen das Monster in meinem Körper tun.

Es ist wie der Ukrainekrieg: Jeden Tag eine Eskalation. Wir schicken keine Waffen. Wegen der deutschen Geschichte. Wir schicken Stahlhelme. Wir schicken leichte Waffen. Wir schicken schwere Waffen. Eben wegen der deutschen Geschichte. Wir schicken Spähpanzer. Marder. Kampfpanzer. Leoparden. Raketen. Flugzeuge. Alles.

Die erste Ärztin sagte: Die Chemo ist heutzutage gut verträglich. Manche kommen morgens ins Krankenhaus und können nach ein paar Stunden schon wieder arbeiten. Die zweite Ärztin sagte: Es wird hart. Ich kann nicht sagen, ob und wie Sie die Chemo vertragen, verkraften. Es ist mal so, mal so. Häufig verträgt man sie ziemlich gut.

Jetzt sagt der Arzt: Sie bekommen meine private Telefonnummer. Sie können mich rund um die Uhr anrufen. Er zählt mögliche Nebenwirkungen auf, die meinen Kopf vibrieren lassen. Sie werden frieren. Sie werden wackeln. Sie werden – mit großer Wahrscheinlichkeit – Taubheitsgefühle bekommen, ein Kribbeln in den Füßen, den Fingern, der Nase. Wir müssen aufpassen, dass das nicht bleibt. Bringen Sie zur Behandlung was zum Essen mit und auch zum Lesen. Sie müssen mindestens fünf Stunden bei uns bleiben, ausruhen.

Ich bekomme derzeit viele Ratschläge: Iss kein rotes Fleisch. Iss mehr Fisch. Trink keinen Wein. Trink grünen Tee. Vergiss die Chemo. Mach eine Mistelzweigtherapie. Geh nach Ulm, dort wirst du mit Methadon behandelt. Geh nach Heidelberg – dort sind die besten Ärzte. Geh nach Freiburg – die sind wirklich gut dort, es sind die allerbesten. Faste vor Chemobeginn. Das stärkt die Zellen. Iss viel vor Chemobeginn. Das stärkt die Zellen. Iss nicht mehr so viel – du ernährst so deinen Krebs. Ruf diesen Arzt an, jenen Arzt. KÄMPF! KÄMPF! KÄMPF!

Wie soll ich denn gegen Krebs kämpfen, hat mich der sterbende Wolfgang Bergmann gefragt, »was heißt denn das? Das ist doch ein selbstsuggestiver Satz, mit dem ich nichts anfangen kann. Wie soll ich denn kämpfen gegen diese Heimtücke, mich wehren? Ich wache morgens auf, und der Krebs ist an einer anderen Stelle ausgebrochen, aus dem Nervinneren wird mein Körper ausgesaugt und ausgebuddelt.«

Nun sagt der Arzt, und das gibt mir Vertrauen in ihn, »ich mag diesen Slogan nicht! Gegen Krebs kann man nicht kämpfen! Sie müssen einfach versuchen, Ihre Lebenslust zu bewahren, den Humor nicht zu verlieren. Und essen Sie, was Sie wollen. Wenn Sie Lust auf ein Steak haben – ESSEN! Ihr Problem wird sein, dass Sie gar keine Lust aufs Essen mehr haben: Warum soll ich Ihnen also etwas verbieten? Sie müssen Ihr Gewicht halten. Das ist wichtig.«

Am 10. Oktober ist der Beginn der Chemotherapie. Die gesamte Therapie wird 25 Wochen dauern.

Krankenhaus heißt warten. Wartezimmer heißt warten. Warten heißt: Die Gedanken drehen durch.

Ukrainekrieg als verzweifeltes Ablenkungsmanöver, obwohl sich dort Tag für Tag die Dinge zum Schlimmeren entwickeln – wie bei meiner Krankheit: Vor ein paar Tagen die Nachricht, dass vier Löcher in den Nordstream-Pipelines sind, dass unvorstellbar große Mengen Gas austreten.

In fast allen Medien steht der Schuldige dieser unfassbaren Tat rasch fest: Russland.

Cui bono? Diese Frage stellt fast niemand.

Also Russland ist schuld. Ich traue Putin dem Schrecklichen und seiner Oligarchenbande so ziemlich alles zu, wirklich alles. Auch diese Untat. Nur: Kann die russische Regierung wirklich so idiotisch sein, ihr hochprofitables Geschäftsmodell für alle Zukunft irreparabel zu zertrümmern? Ist das sinnvoll? Wenn sie derzeit kein Gas nach Zentraleuropa mehr liefern wollen – sie können doch einfach den Gashahn zudrehen. Und ihn irgendwann wieder aufdrehen.

Interessant die Berichterstattung in Radio, Fernsehen, Zeitungen. Man bemüht sich sehr eifrig, keinen Verdacht gegen die USA aufkommen zu lassen. Eine mediale Einheitsfront wie zu Zeiten der Agenda 2010, der Finanzkrise 2007:

Die taz befindet kurz und bündig, die USA »haben kein plausibles Motiv für einen Anschlag«; im NDR hört man, »die USA würden nicht so weit gehen, Energieinfrastruktur ihres wichtigsten Verbündeten, nämlich Europas, zu zerstören«. Im Handelsblatt liest man, dass mehrere russische U-Boote in der Nähe der Lecks gewesen wären. Und die FAZ? »Ein guter Teil der Leute, die sich in den sogenannten Netzwerken dazu zu Wort melden, wollen die Sache den Ukrainern oder den Amerikanern in die Schuhe schieben.«

Ein bisschen mulmig ist es manchen dann doch bei dieser »Sache«.

In der aktuellen Titelgeschichte des Spiegel wird die Möglichkeit einer US-Aktion angedeutet. Aber so, dass jene, die dies für möglich halten, zu Verschwörungstheoretikern mutieren.

O-Ton Spiegel: »Haben die USA, wie bei Twitter und Co. sofort vielstimmig diskutiert, das seit je ungeliebte Pipelineprojekt gekillt?« Später heißt es im Text: »Anhänger der ›Amerika war's-Theorie freuen sich auf den sozialen Kanälen derzeit an einem älteren Videoschnipsel, in dem sich Joe Biden zu der Röhre äußert: ›Wenn Russland (in die Ukraine – Red.) einmarschiert‹, sagt er da, ›wird es kein Nord Stream 2 mehr geben‹. Und auf die Nachfrage, wie er dafür sorgen wolle: ›Ich verspreche Ihnen, wir können dafür sorgen.‹«

Die Wortwahl des Spiegel ist verräterisch: »Vielstimmig«, »gekillt«, »freuen sich« »Amerika-war's«-Theorie«, »älteres Videoschnipsel«. Wer über eine theoretisch denkbare Möglichkeit so flapsig-herablassend formuliert, der möchte auf Teufel komm raus die USA als Unschuldslamm sehen. Mehr noch: Den zeichnet historisches Unwissen aus.

Dieses »ältere Videoschnipsel« ist der Mitschnitt einer Pressekonferenz von Kanzler Olaf Scholz und Präsident Joe Biden vom 7. Februar 2022 im Weißen Haus. Ein Dokument für die Geschichtsbücher.

Wie ein Diener steht Scholz neben seinem Herrn. Und was der Spiegel auslässt, ist dies: Eine Reporterin, sichtlich erschüttert von der klaren Aussage und Ansage Bidens, hakt nach, sie will wissen, wie er das denn machen will, schließlich sei das doch ein Projekt der deutschen Bundesregierung? Da antwortet Biden mit maliziösem Lächeln: »We will – I promise you – we will be able to do it.«

Dieser so wichtige Satz, klingt in der Spiegel-Übersetzung viel harmloser, man muss ihn aber so übersetzen: »Wir werden – ich verspreche es Ihnen –, wir werden dazu in der Lage sein.«

Hier ein Link zu diesem »Videoschnipsel«: https://www.youtube.com/watch?v=0s408rGRLf8.

Ein paar Monate nach Bidens Drohung gab es eine Warnung der CIA vor einem eventuellen Anschlag auf die Röhren. War das eine ehrliche Warnung? Eine ehrliche Warnung an Freunde? Oder: War das Stufe 1 eines üblen Plans? Wir wissen, was wir demnächst tun. Wir sorgen aber schon jetzt dafür, dass wir vor der Weltöffentlichkeit als Unschuldige dastehen.

»Danke, USA«, war die Twitter-Reaktion des ehemaligen polnischen Verteidigungs- und Außenministers Radek Sikorski, der derzeit für eine konservative polnische Partei im EU-Parlament sitzt, auf die Löcher: »Thank you, USA.«

Ein klarer Dank, ein klarer Satz, den der Spiegel sehr seltsam zu interpretieren versteht: »Ein krummer Tweet, den der Amerikafreund Sikorkski wohl kaum als Hinweis auf Täterschaft meinte.«

Am 27. September schreibt Sikorski, ziemlich hölzern zwar, doch ziemlich klar, allerdings auch noch dies: »Alle ukrainischen und baltischen Staaten haben sich 20 Jahre lang gegen den Bau von Nordstream ausgesprochen. Jetzt liegt Schrott im Wert von 20 Milliarden Dollar auf dem Meeresgrund, ein weiterer Preis für Russland durch seine kriminelle Entscheidung, in die Ukraine einzumarschieren. Jemand @MFA_Russia, hat eine spezielle Wartungsoperation durchgeführt.«

Ein bemerkenswertes Zitat eines europäischen Spitzenpolitikers, der einmal Nato-Generalsekretär werden wollte, der Pro-Atlantiker ist, ein Zitat, das sich merkwürdigerweise im Spiegel nicht findet. Weil es die Interpretationskunst selbst der Spiegel-Redakteure überfordert? Stattdessen findet sich dieser Satz dort: »Warum sollten die Amerikaner auch, im Ernst gefragt, die Rohre sprengen?«

Im Ernst, schon mal was von diesem Satz gehört: Follow the money? Schon mal, ganz im Ernst, was von Flüssigerdgas gehört, LNG? Das nun von den USA en masse überteuert nach Europa kommt, nahezu konkurrenzlos – da nun der wichtigste Konkurrent wohl für immer ausgeschaltet ist. Und überdies in das strategische Konzept passt, Russland derart »zu schwächen, dass es jahrelang nicht mehr auf die Beine kommt«.

Sikorskis Ehefrau, nicht uninteressant in diesem Zusammenhang, ist Anne Applebaum: erfolgreiche Journalistin, Spezialistin für Ostfragen, Mitarbeiterin einer der weltweit einflussreichsten Denkfabriken, die die Biden-Regierung in vielen Fragen eng berät – und nicht nur diese Regierung.

Und ebenfalls nicht uninteressant: War da nicht mal fast so etwas wie eine Staatsaffäre in Washington wegen Bidens Sohn Hunter? Als sein Vater US-Vizepräsident war, saß Sohn Hunter im Aufsichtsrat der ukrainischen Firma Buisma, einem Konzern zur Erkundung und Förderung von Erdgas – dessen Konzernchef im Verdacht der Geldwäsche und Korruption stand. Biden jr., ohne jede Ahnung vom Gasgeschäft, soll, und das jahrelang, bei diesem dubiosen Unternehmen richtig viel Geld verdient haben – monatlich 50 000 Dollar.

Das historische Unwissen: Ein paar Beispiele gefällig, wie die USA ihre Kriege und Interventionen und Regimewechsel vorbereiteten?

Eine kleine Auswahl, völlig unvollständig: Mit dem sogenannten »Tonkin-Zwischenfall« begründeten die USA 1964 ihr verschärftes militärisches Engagement in Vietnam. Angeblich hätten nordvietnamesische Kriegsschiffe US-Schiffe beschossen. Lüge. Diese Angriffe waren eine US-Inszenierung. Das Ergebnis des rücksichtslosen US-Kriegs gegen Vietnam: Millionen Tote. Ein von Napalm zerfressenes Land.

Und: Gab es nicht mal einen chilenischen General namens René Schneider? Der zur Verfassung stand. Und deswegen zu

Salvador Allende hielt. Den die US-Regierung aber abgrundtief hasste. Wurde Schneider nicht durch ein CIA-unterstütztes Kommando umgebracht? War dieser Mord nicht der Beginn des Putsches gegen den sozialistisch gesinnten Allende? Ein Putsch, den die USA mitfinanzierten, mit verdeckten CIA-Aktionen ermöglichten?

Und: Mit der »Brutkasten-Lüge« stimmten die Pentagon-Propagandisten 1990 die Welt auf den ersten Irakkrieg ein: Saddam Husseins Soldaten, hieß es, dringen in Krankenhäuser ein, reißen Babys aus Brutkästen, lassen sie auf dem kalten Boden sterben. Diese Brutkastenlüge war eine Erfindung der PR-Firma Hill & Knowlton, die – das nur nebenbei – heute mit rund 200 Mitarbeitern in der Ukraine aktiv ist.

Die Manipulateure schafften damals im Nahen Osten Großes: Sie machten aus dem wichtigsten USA-Verbündeten gegen den Iran innerhalb kürzester Zeit einen Outlaw, der weltweit zudem noch als »neuer Hitler« apostrophiert wurde – und somit eliminiert werden musste.

Im Zynismus des Kriegsverbrechers und Friedensnobelpreisträgers Henry Kissinger liegt wohl die Wahrheit: »Ein Feind Amerikas zu sein, kann gefährlich sein, aber sein Freund zu sein, ist fatal.«

Es gibt einen Schlager von Andrea Berg: »Du hast mich tausendmal belogen«. Wahrscheinlich hören sie im Pentagon oder im Weißen Haus eher nicht Andrea Berg, aber sie wissen, wie es geht: Auch der zweite Irakkrieg begann mit einer Lüge. Am 5. Februar 2003 legte der damalige US-Außenminister Colin Powell dem UN-Sicherheitsrat in Form einer PowerPoint-Präsentation »Beweismaterial« für die Existenz irakischer Massenvernichtungswaffen vor. Kernstück der Staatslüge: ein computergeneriertes Bild einer angeblichen Fabrik für biologische

Waffen, die auf Lastwagen montiert und mit Planen überdeckt sein sollte.

2012, nach viel zu vielen Toten, die Zahlen schwanken zwischen 100 000 und über einer Million, mit vielen Millionen Vertriebenen, einer jahrelangen Besatzung, einer bis heute zerstörten Region, 2012 also bedauerte Powell ein wenig sein Lügen: »Of course, I regret that a lot of it turned out to be wrong.«

Hauptmotiv für den damaligen Völkerrechtsbruch der USA (übrigens: Keine deutsche Zeitung, keine ARD, kein ZDF sprach damals von völkerrechtswidrigem Angriffskrieg, völkerrechtswidriger Besatzung, niemand verlangte einen Wirtschaftsboykott Amerikas) war nicht die Bedrohung der Welt durch irakische Massenvernichtungswaffen. Sondern – ganz schlicht – die Absicht, die Kontrolle über die in staatlichem Besitz befindliche Erdölproduktion des Irak zu übernehmen. Und vor allem den Plan zu verhindern, demzufolge der Irak sein Öl nicht mehr in Dollar, sondern in Euro bezahlt haben wollte.

Diese Pipeline-Lecks nun: Was für ein Krieg folgt ihnen? Ich halte inzwischen alles für möglich.

Auch deswegen: In den frühen 1980ern habe ich als Stipendiat in Amherst College studiert, einer sehr wichtigen Kaderschmiede der Mächtigen und Reichen für die Herrschenden in den USA und fast weltweit. Dort trifft sich die kommende Führungsschicht. The Masters of the Universe.

Einer meiner Fußballpartner war Prinz Albert von Monaco.

Am Anfang war ich baff. Wollte nicht glauben, mit welcher Selbstverständlichkeit dort die US-amerikanische Hegemonie gelehrt wurde und wird. Amherst nennt sich Liberal Arts College. Liberal? Imperial. Dort lernte ich, dass es den USA stets nur um sich geht.

So fühlte sich das an: 1980, als die USA bei den Olympischen Winterspielen in Lake Placid gegen die Sowjetunion Eishockey spielten, wurden uns von der Studentenvertretung T-Shirts geschenkt. Darauf: ein tumber, hässlicher, wütender Bär, an dessen Kopf ein Puck in Rot-Weiß-Blau, den Farben der USA, knallt, dass das Blut spritzt, darüber die Aufschrift: »Puck you, Russia!«

Es war beklemmend. Verstörend auch zu erleben, wie dort diese drei Säulen des aggressiven Amerikanismus vorgebetet wurden: »God's Own Country«. Also: Gottesstaat. Auserwähltes Volk. »Manifest Destiny«: Es ist unser Schicksal, die Welt nach unserem Bild zu gestalten. »Monroe Doctrine«: Die Legitimation weltweiter Expansionen.

Und über allem, damals überall im Land auf riesigen Plakaten: *You are American. You are free. Our system works. We are Number One.*

Einem Land, das es schafft, gigantischen Landraub, einen Völkermord an Millionen Menschen zu Wildwest(klamauk)-filmen zu verarbeiten: tapferer weißer Mann gegen bösen roten Mann, tapferer weißer Mann muss weiße Frau vor Entführung, Vergewaltigung vor rotem Mann schützen, tapferer, weißer Mann darf tun, was er will, er hat ja Gott auf seiner Seite – dem traue ich ziemlich viel zu.

Den Russen traut man alles zu. Das ist Konsens. Den Amerikanern nicht. Vielleicht ist das ein Fehler?

Nochmals Kissinger, dieses Mal im Original: »To be an enemy of America can be dangerous, but to be a friend is fatal.« Man kann diesen zynischen Satz des ehemaligen US-Außenministers (anders als oben) auch in seiner ganzen Brutalität übersetzen – wenn man sich nicht mehr so verhält, wie die USA es sich wünschen: »Ein Feind Amerikas zu sein, kann gefährlich sein, aber sein Freund zu sein, ist tödlich.«

Dazu passt ein aktueller Gedanke des wohl bekanntesten Kritikers US-amerikanischer Politik, Noam Chomsky: »Die Amerikaner bekämpfen die Russen bis zum letzten Ukrainer.«

Vermutlich wird es sehr lange dauern, bis die Welt erfährt, wenn überhaupt, wer warum und wie diese Röhren perforierte.

Wer immer diese Wahnsinnstat begangen hat, der will weitere Eskalationen. Der nimmt kaltblütig in Kauf, dass es nun tatsächlich zum Äußersten kommen kann: dem Dritten Weltkrieg.

Der atomare Winter – wird er eine Möglichkeit?

2. Oktober 2022

Ich kann nicht schlafen. 4 Uhr morgens. Alle sagen zu mir: Du schaffst es. Tief in meinem Inneren das Gefühl: Es geht nicht gut aus.

3. Oktober 2022

Morgen früh wird in meinen Körper ein Loch für den sogenannten Port gebohrt, eine Leitung für die Infusion gelegt. Donatella Versace hat sehr viele Operationen überstanden. Also werde auch ich alles durchhalten. Ich möchte aber nicht, sagt Barbara, »dass du danach so aussiehst wie Donatella Versace«.

5. Oktober 2022

Die Nächte werden länger, anstrengender, skurriler. Vorgestern Nacht wache ich in einem Albtraum zitternd auf: Ich stehe vor dem Kühlschrank, bin mir sicher, dass ich verdurstet bin.

Gestern Nacht wache ich kurz nach Mitternacht auf, gequält von dem Gedanken an die Ärzte, die zwei unterschiedliche Therapiewege vorgeschlagen hatten. Ich musste, ich konnte nicht anders – leider – an den Computer, Netzrecherche. Die Folge: noch mehr Fragen, kein richtiger Schlaf mehr. Stattdesen Albtraumsplitter: Schreckliche Viecher wie aus einem Spielberg-Film hetzen mich, werfen mich durch die Gegend, zerfetzen mich. Verflucht.

Gestern wurde mir der Port eingepflanzt. Die Operation sollte um 7 Uhr 30 beginnen, bis 12 Uhr hieß es, »sind wir mit allem durch«.

Auf dem Weg zum OP klingelt das Telefon der Krankenschwester. Ich werde zurück in das Wartezimmer gerollt: »Sie werden nach hinten geschoben. Wann Sie drankommen? Kann ich nicht sagen.«

Ein paar Minuten später kommen die Pfleger wieder, nun geht es also los. Wieder Telefonklingeln, wieder nix mit OP. Warum, frage ich? »Gerade ist kein Pflegepersonal da. Lesen Sie Zeitung? Dann wissen Sie doch, was in den Krankenhäusern los ist! Ich kann auch bald nicht mehr.«

Ich liege und warte. Neben meinem Wartebett liegt eine Bibel, ich bin im katholischen Marienkrankenhaus. Ich lese Psalm 23: »Der Herr ist mein Hirte, mir wird nichts mangeln. Er weidet mich auf einer grünen Aue und führet mich zum frischen Wasser. Er erquicket meine Seele und führet mich auf rechter Straße um meines Namens willen. Und ob ich schon wanderte im finsteren Tal, ich fürchte kein Unglück; denn du bist bei mir, dein Stecken und Stab trösten mich …« Ich lese nicht weiter, es geht nicht. Nichts Tröstendes hat dieser Psalm – gerade klingt er zynisch in meinen Ohren.

Zweieinhalb Stunden später werde ich zur OP geschoben, der Pfleger sagt: »Seien Sie froh, dass es für Sie heute noch klappt! Aber sicher wissen wir das erst, wenn Sie auf dem OP-Tisch liegen.«

Ich liege da und denke: »In der Rüstung sind sie fix, für das Gesundheitswesen tun sie nix.«

Heute Morgen Aktivismus, Mail an den Arzt geschrieben, der die Strahlentherapie favorisierte:

Lieber Herr Dr. Baruck,

im Anhang der letzte Befund – ausschlaggebend für die Therapie.
Es ist nun so: Zwei Ärzte aus der gleichen Praxis haben zwei unterschiedliche Therapiewege vorgeschlagen.
Die Ärztin: Zuerst Chemo.
Der Arzt: Zuerst Bestrahlung.
Als wir, meine Frau und ich, verwirrt dreinblickten, meinten Sie, lieber Herr Barucky: zuerst Bestrahlung und dann Chemo – das würde kürzer dauern.
ABER: Was ist besser? Schlugen Sie Bestrahlung vor, erst zu bestrahlen, weil die drei verdächtigen Lymphknoten noch klein sind, man nicht weiß, ob gut oder böse? Gründet Ihr Vorschlag in dem Gedanken, gezielte Bestrahlung hat weniger Nebenwirkungen, ist effektiver? Geht schneller? Ist erfolgversprechender?
Der Port ist seit gestern implantiert, aber man kann ja immer noch neu entscheiden.
Mit Grüßen und hoffend auf baldige Antwort:

Arno Luik
HH, 5.10.22

Seit Wochen sammeln sich Briefe, Rechnungen an. Sie liegen auf meinem Schreibtisch herum, wahllos durcheinander, ungeöffnet. Ich muss Ordnung in mein Leben bringen. Werde nachher damit anfangen, einen Ordner für den Krebs anzulegen. Erst seit zwei Wochen habe ich mit Ärzten zu tun, aber das dabei erzeugte Papierkonvolut füllt schon fast einen Leitz-Ordner.

Habe gerade lange mit einem Hamburger Krebsspezialisten telefoniert; in den siebziger und achtziger Jahren des vorigen Jahrhunderts war er einer der Chefkoordinatoren der Anti-AKW-Brokdorf-Demos. Er – ganz vorsichtig – favorisiert Bestrahlung zuerst. Er, der Anti-AKWler, plädiert nun, ironisch, aber wohl zutreffend gesagt, für die atomare Bestrahlung meines Körpers. Das werde ich nun tun.

Warum ich mir all diese Notizen mache? Diese Innenansichten von mir aufschreibe?

Was manchmal wie Selbstmitleid aussehen mag, ist eine Distanzierung von meinem Selbst. Für die Momente des Schreibens bin ich nicht ich. Ich bin da eine Romanfigur. Nicht wirklich wirklich. Und das hilft.

6. Oktober 2022

Jetzt, nachdem ich mich auf die Bestrahlung als Therapiebeginn festgelegt habe, sagen alle beteiligten Ärzte: So hätte ich es auch gemacht. Warum dann vorher diese Verunsicherung? Die einen sagten alles relativierend dies, die anderen empfahlen sehr vage das. Keiner wollte sich auf eine Reihenfolge festlegen. Ich meine, sie sind die Spezialisten, die Experten. Sie müssten und müssen doch wissen, was für ihren Patienten optimal ist.

Ich habe nach dieser tour des médécins das Gefühl: Wenn man zehn Ärzte fragt, bekommt man zwölf Meinungen.

Heute auf dem Weg ins Krankenhaus spricht mich ein Obdachloser an:

»Hast 'ne Zigarette?«

Nee.

»Haste Tabak?«

Nee.

»Hast 'n Joint?«

Nee.

»Solltest du aber haben.«

Ich hab Krebs.

»Würd ich auch mal gern essen!«

7. Oktober 2022

Im Kopf ist nichts, was sich aufzuschreiben lohnt; da wirbelt seit ein paar Stunden nur dieser Gedanke in einer Endlosschleife: »Es soll wieder so werden wie früher. Es soll sein wie früher. Wie früherwiefrüherwie …«

VIER

Königsbronn, 9. Oktober 2022

Ein, so kitschig muss man es sagen, wirklich wunderbarer Herbsttag. Klarer Himmel. Strahlende Sonne. Sanfter Wind. Im Garten leuchtet rot der japanische Zierahorn, rotgold die Blätter des Eisenholzbaums. »Es könnte so schön sein«, sagt Barbara. Ist es doch, denke ich.

Früher, im anderen Leben, habe ich immer gedacht, wenn ich mal eine schlimme Prognose bezüglich meiner Gesundheit bekomme, dann mache ich einen drauf. Fliege zum Beispiel nach Südafrika, was Barbara sich schon seit Langem wünscht, um dort freie, große Tiere anzustaunen, irgendwo, etwa im Krüger-Nationalpark. Im Luxuszug nach Venedig. Den besten Champagner trinken.

Aber jetzt, da es mich tatsächlich heftig erwischt hat? Jetzt merke ich, dass diese kleinen Fluchten keine Fluchtmöglichkeiten sind. Nichts bringen. Mich nicht erleichtern.

Dieses verdammte Gehirn lässt sich nicht abschalten.

Bin nicht mal in der Lage, heute ins nahe Allgäu zu fahren (für mich eine der schönsten Regionen Deutschlands), was wir uns eigentlich gestern vorgenommen hatten – habe dazu einfach keine Lust.

Es reizt mich nicht.

Nicht mehr.

Sitze draußen im Garten im Liegestuhl, lese die Zeitungen mit ihren stereotyp-uniform gleichen Nachrichten – und auch dazu muss ich mich zwingen. Schon seit Langem keine Tagesschau mehr gesehen, überhaupt den Fernseher nicht mehr eingeschaltet und auch den Deutschlandfunk in den vergangenen Tagen kaum mehr angehört.

Vor zwei Tagen knallte die Nachricht in die Welt, dass der ukrainische Regierungschef Selenskyj von der Nato den (atomaren) Präventivschlag gegen Russland verlangte. Man könnte meinen, dass dieses irre Ansinnen (selbst wenn es nur ein Gedankenspiel wäre), die Nachrichten beherrschen würde – mit Sondersendungen, Experten, halt all dem, was die Medien so auffahren, wenn sie Stimmung machen wollen.

Aber diesmal? Auf fast allen Kanälen – Zurückhaltung. Schweigen. Am Tag danach in den Zeitungen: nirgendwo die Schlagzeile auf Seite 1, etwa: Selenskyj will atomaren Erstschlag. Oder: Tabubruch. Ukraine setzt auf atomaren Erstschlag.

Gemeldet wird stattdessen, irgendwo weit hinten in den Blättern, dass der ukrainische Regierungssprecher die Äußerungen seines Chefs relativiert, zurückgeholt, eingefangen hat. Was man kaum versteht, denn die ursprüngliche Brutalnachricht wurde ja fast komplett verschwiegen.

Ein Cordon Sanitaire liegt fürsorglich um die ukrainische Regierung – vergleichbar allenfalls mit der Vor- und Nachsicht, mit der die israelische Regierung und ihre leider häufigen Menschenrechtsverletzungen behandelt werden.

Man erfährt zwar am 8. September in der SZ, dass Selenskyj offenbar die Ermordung der Moskauer Ultranationalistin Darja Dugina abgesegnet hat, man erfährt – sehr überraschend auch –, dass die Ukraine seit einigen Jahren »einen verbrämten Krieg«, genannt »Anti-Terror-Operation« (also eine Art »Spezial-Operation«) in der Ostukraine führt. Dass also unsere Freunde Dreck am Stecken, schwersten Dreck am Stecken haben – schöne Freunde, für die man jetzt einen dritten Weltkrieg riskiert. All das wird aber so en passant, nahezu unauffällig-beiläufig präsentiert – ist also nicht so wichtig. Zwischentöne sind Krampf im Weltenkampf.

Im Kopf plötzlich ein altes Lied aus den 1960ern, Vietnamkrieg, »this whole crazy world is just too frustratin«, nun wieder aktuell, obwohl manches natürlich nicht mehr stimmt, Barry McGuires »Eve of Destruction«. Ein dramatischer Unterschied zu heute: Damals gab es massenhaft, weltweit, Demos gegen Krieg, Ungerechtigkeit. Da war trotz drohender Apokalypse: Hoffnung.

The Eastern world, it is explodin'
Violence flarin', bullets loadin'
You're old enough to kill but not for votin'
You don't believe in war, but what's that gun you're totin'?
And even the Jordan river has bodies floatin'
But you tell me
Over and over and over again, my friend
How you don't believe
We're on the eve of destruction
Don't you understand what I'm trying to say
Can't you feel the fears I'm feeling today?
If the button is pushed, there's no runnin' away
(...)
Over and over and over and over again, my friend
You don't believe we're on the eve of destruction
No no, you don't believe we're on the eve of destruction

Den Ordner für Krebs immer noch nicht angelegt.

10. Oktober 2022

Meiner ersten großen Liebe aus Schultagen und Studienzeiten habe ich zwei kurze Auszüge meiner Tagebuch-Innenansichten geschickt – gestern kam ihre Antwort-Mail: »Nun zu deinem mit Verlaub ›Geschreibsel‹. Ich war ehrlich gesagt zunehmend fassungslos, genervt (…). Was muss der auch noch seine Krankheit im Schreiben zum Drama stilisieren??«

Von einem alten Freund aus Amherst-College-Zeiten kam dies:

Ein junger Kollege aus dem Spiegel ruft mich an, ziemlich außer sich. Der Grund: Als Blattkritikerin war Claudia Major geladen – von der Stiftung Wissenschaft und Politik (SWP).

Es sei ihr nicht um eine Kritik des Spiegels gegangen, es sei ihr darum gegangen, klarzustellen, wo die große Politik hinlaufen soll, wo es langzugehen hat: Propaganda für Krieg.

Sie sei froh, dass man heute nicht mehr wie zu Zeiten des Bürgerkriegs und der nachfolgenden Unruhen in Kambodscha, also in den frühen 90ern des vergangenen Jahrhunderts, lange begründen müsse, um selbst Sanitätsoffiziere in Krisengebiete zu schicken.

Es gehe nun darum, da sei man dran, einen endgültigen »mindset-change« in Bezug aufs Kriegführen zu schaffen. Normalerweise dauere das eine Generation, aber nun gehe es viel rascher. Nun sei man, das sei akzeptiert, großer Fortschritt, eine »leading nation«.

Etwas unglücklich sei, so habe er Major verstanden, dass man (noch) nicht direkt über Atomwaffen verfügen könne.

Der Spiegel-Kollege meinte, nach dem, was er da gehört hatte – von einer Frau, deren Thinktank-Fabrik, von der Bundesregierung finanziert, die Bundesregierung berät, aber als unabhängig gilt –, dass es bei diesem Krieg nicht um Ukrainer, Freiheit, westliche Werte gehe, sondern schlicht um die Umerziehung zum Militärischen. Zur Bereitschaft zum Krieg führen.

We're only pawns in their game.

Ach, meinte die Bellizistin-Einfluss-Agentin, diese medial sehr gefragte Expertin, auf Arbeitsebene der Bundesregierung setze sich diese Einsicht ganz gut durch, Kanzler Scholz aber sei noch etwas zögerlich.

Wetten, dass Scholz in den kommenden Wochen wegen seiner Zauderei medial unter Beschuss kommt? Der Zauder-Kanzler.

Wetten, dass der Kanzler früher oder später die Leos natürlich rollen lassen wird?

Dieses lästige, die Regierenden nun heftig störende »Wegen-der-deutschen-Geschichte-militärische-Zurückhaltung« kommt nun auf den Müllhaufen der Geschichte.

Kommt die Geschichte zurück? Deutschland war im vergangenen Jahrhundert zweimal »leading nation«. Zweimal endete das in der Vollkatastrophe.

Brecht:

»Das große Karthago führte drei Kriege. Nach dem ersten war es noch mächtig. Nach dem zweiten war es noch bewohnbar. Nach dem dritten war es nicht mehr aufzufinden.«

Eine Erinnerung ploppt unvermittelt auf: Am 28. Januar 1990 fand man Dieter Gütt tot in seiner Hamburger Wohnung. Selbstmord. Gütt, Sohn des »Rassenhygienikers« Arthur Gütt, war Journalist, ein sehr erfolgreicher Journalist der alten Bundesrepublik. Linksliberal angehaucht, kritisch gegenüber Mächtigen, wütend gegen Militarismus. So einer wie er – mit diesem Denken: Er bekäme heute keinen Führungsjob in den Medien.

Gütt moderierte jahrelang den Weltspiegel, die Tagesschau, gründete die Tagesthemen, war danach lange Zeit stellvertretender Chefredakteur des Stern. Er hat sich umgebracht, weil er seinen Blick in die Zukunft nicht mehr aushielt, seine Angst vor dem wiedervereinigten Deutschland mit den Folgen, wie er sie voraussah: ein militärisch dominantes Deutschland.

Seine große Angst also vor diesem: **Wir. Sind. Wieder. Wer.** Wirsindwiederwer.

Wir sind wieder Führungsmacht. We're Number One – zumindest in Europa.

FÜNF

Hamburg, 15. Oktober 2022

Die Nacht war nicht schön. Wieder mal Albträume: In meinem Körper tobt ein Bürgerkrieg, überall explodieren Metastasen.

Ich zwang mich zum Aufwachen, es war erst zwei Uhr.

Gestern waren wir bei der Besprechung in Sachen Strahlenbehandlung. Das Universitätsklinikum Hamburg-Eppendorf (UKE) ist eine Stadt in der Stadt, einfach riesig, verwirrend. Wir finden nicht sofort das Gebäude, in dem die Besprechung stattfinden soll. Ich merke, dass ich mich verändert habe: Völlig unvermittelt, ganz plötzlich, wirft mich so vieles sofort aus der Bahn. Ich laufe rum, sehr aufgeregt, fast aufgelöst, ich fürchte, den Termin nicht einhalten zu können. Barbara musste mich beruhigen, und dann beim Empfang finde ich meinen Pass nicht, hektisches Suchen im Geldbeutel, im Rucksack, die Frau hinterm Tresen – fast wie zu einem Kleinkind: »Ganz ruhig, wir haben Zeit, lassen Sie sich Zeit.«

Riesig das Uni-Klinikum, aber die Räume der Strahlentherapie hier, das Wartezimmer, fast kuschelig. Warum?

Normalerweise sind die Räume in Krankenhäusern weiß, grau, auf jeden Fall: kalt. Abweisend. Und hier sind die Zimmer in warmem Gelb, man fühlt sich fast wohl.

Therapiebesprechung mit dem Chefarzt, Typ Golfspieler. Er nimmt sich überraschend viel Zeit, Sie haben Glück, sagt er, »vor anderthalb Jahren hätte es sehr schlecht für Sie ausgesehen, wir haben seither dramatische Fortschritte in der Behandlung gemacht, wenn Sie sehr, sehr viel Glück haben, kommen wir sogar ohne OP aus«.

Von kommendem Montag an werde ich an fünf aufeinanderfolgenden Tagen rund 15 Minuten bestrahlt, danach gibt es eine zweiwöchige Erholungsphase, dann folgt die Chemo.

Ich habe Vertrauen in den Arzt, ich habe das Gefühl: Die strengen sich hier wirklich an. Auch wenn die Liste der möglichen Nebenwirkungen, die der Arzt vorträgt, Dinge immer wieder präzisierend, unfassbar lang ist; kleiner Auszug:

Appetitlosigkeit.

Müdigkeit.

Erbrechen.

Entzündung der Haut.

Risse in der Haut.

Nässende Wunden.

Durchfall.

Nervenschäden.

Verklebungen des Darms.

Hautverfärbungen.

Blutarmut.

Chronische Blasenentzündungen.

Harnstau.

Zeugungsunfähigkeit.

Erektionsschwierigkeiten.

Das alles erzählt der Arzt, er kann das: freundlich, einem die Angst nehmend, immer wieder dadurch unterbrochen, dass er mit den Knöcheln auf die Tischplatte schlägt und sagt: »Toi, toi, toi – das kommt Gott sei Dank sehr selten vor, wirklich selten.« Etwa: Zahnfleischbluten bis hin zu lebensbedrohlichen Darm- und Hirnblutungen.

Ob ich nach der Bestrahlung heimradeln kann? Er rät davon ab. »Ihre Haut kann sehr dünn werden, Sie würden sich den Hintern aufreiben.«

Vorhin habe ich Werner Herzogs Erinnerungsbuch »Jeder für sich und Gott gegen alle« ausgelesen. Hat gerade mal knapp zwei Tage gedauert; diese rund 340 Seiten Autobiografie fesselten mich auf eine völlig unerwartete Weise.

Das Buch habe ich gekauft, weil Axel Hacke es in einer seiner Kolumnen ungefähr so empfohlen hat: Was immer Sie gerade lesen oder machen, legen Sie alles weg, lesen Sie sofort dieses Buch. Ich dachte, was Hacke hier so überschwänglich anpreist, das ist halt wohl dieses klassisch-münchnerisch-bayerische Amigosystem, bei dem man sich gegenseitig lobhudelt und hochschreibt.

Ich brauchte dann auch zwei, drei Anläufe, um in das Buch reinzufinden, war drauf und dran, mich über Hacke zu ärgern, aber dann, plötzlich, konnte ich dieses Erinnerungsbuch nicht mehr weglegen.

Dass Herzog verrückt, durchgeknallt sein muss, das weiß wohl jeder, der jemals seinen Film »Aguirre, der Zorn Gottes« gesehen hat. Oder das Wahnwerk »Fitzcarraldo«. Wer solche Dinge schafft, Verrücktes zu Meisterwerken verdichtet, der kann selbst nicht ganz dicht sein, muss irgendwie irre sein.

Aber bis zum Lesen dieser Biografie ahnte ich nicht mal ansatzweise, wie absurd, grandios wahnsinnig das Leben Herzogs war und ist, wie durchgeknallt. Mal isst er wegen einer Wette vor laufender Kamera seine Schuhe, ein andermal macht er wegen eines Versprechens eine Arschbombe in ein Kakteenfeld. Harmlose Übungen für ihn.

Es ist ein Wunder, was er alles überlebt, was er sich angetan hat, wie er mit sich umgesprungen ist. Er wird von Indianern mit langen Pfeilen beschossen, hängt am Berg im ewigen Eis, umklammert einen Eisenhaken so fest, dass seine Hand daran festfriert und, einzige Möglichkeit, von einem Kumpel freigepinkelt werden muss; er geht in Stromschnellen fast unter; im hintersten Ägypten wartet er im Fieberwahn auf den Tod; verdient sein Geld in Mexiko beim Rodeo, kommt dabei, der verrückte Deutsche, fast um.

Leichen pflastern zwar nicht seinen Weg, aber abgrundtiefes Unheil ist Herzogs steter Wegbegleiter – von Kindheit an, in der er in den Nachkriegsjahren fast verhungert wäre: »Ich hatte einen Straßenarbeiter beobachtet, der mit einer Maschinenpistole in einen Schwarm von Krähen schoss, er tötete eine. Man rupfte sie und kochte sie in einem großen Topf zu einer Art Suppe. Weil ich hungrig war, gesellte ich mich zu den Arbeitern, und zum ersten Mal in meinem Leben sah ich ein paar Fettaugen auf der Suppe schwimmen, eine Sensation. Vom Essen bekam ich aber trotzdem nichts ab. Später hantierten wir Kinder auch mit Karbid und erzeugten unsere eigenen Sprengstoffe. Am schönsten überhaupt war es, in einer Betonröhre, die unter der Landstraße hindurchführte, eine Detonation herbeizuführen. Wir standen auf der Straße oberhalb des Betonrohrs, und es war ein besonderes Gefühl, wenn uns die Explosion ein kleines Stück hochhob. Ich erinnere mich auch vage daran, dass uns unsere Mutter zusammenrief, auch unsere Freunde, und vor uns mit ihrer Pistole durch ein dickes Buchenscheit schoss. Auf der anderen Seite splitterte das Holz davon, vom Projektil zerfetzt. Das war so beeindruckend, dass es keine Verbote brauchte. Wir hatten verstanden. Von diesem Moment an war klar, dass wir niemals in unserem Leben mit einer Waffe auf Menschen zielen würden, geladen oder ungeladen. Nicht einmal eine Spielzeugpistole würden wir jemals auf jemanden anlegen.«

Dass er viele Jahre später Klaus Kinski umbringen will, Kinski ihn erschießen will, dass beide drauf und dran waren, sich gegenseitig abzuknallen – das passt schon, überhaupt: Was Herzog über Kinski, Jack Nicholson, das Filmgewerbe im Allgemeinen erzählt – Stoff für unzählige Filme. Wie er am Totenbett seines Freundes Bruce Chatwin steht – ergreifend große Literatur.

Obwohl auf fast jeder Seite Wahnsinn, Tod, Verletzung, Verzweiflung, Irrsinn vorkommen: Für mich, in meiner jetzigen Situation, verschafft diese Lektüre unverhofft Lebensfreude. Freude aufs Leben. Sorgt für eine völlig unerwartete Lebensgier.

16. Oktober 2022

Seit ungefähr 14 Tagen, seit der sogenannte Port in meinen Körper eingepflanzt wurde, schaue ich meinen Oberkörper im Spiegel nicht mehr an. Dieser kleine Hubbel, Buckel, Hügel, diese kleine Unebenheit, groß wie eine 50-Cent-Münze, ein paar Zentimeter über der rechten Brustwarze, in den bei der Chemo die Infusionen in meinen Körper gehen werden, erinnert mich ständig daran, dass ich krank bin.

17. Oktober 2022

Jetzt geht's los. Ich bin im UKE, ich liege im MRT, werde hin- und hergefahren; ich versuche, mich von allem wegzuträumen … höre die Stimme einer Krankenschwester, »Ihre Blase ist recht voll, wollen Sie sich noch erleichtern …?« Ich will gar nix, ich will abtauchen, weg von diesen Geräten, diesem Summen und Brummen, ich …

… vorvergangenen Sonntag waren Wahlen in Niedersachsen, sie gingen mehr oder weniger aus wie erwartet: Es wird eine rot-grüne Regierung geben.

Zwar haben die Grünen etwas weniger Stimmen bekommen, als sie erhofft hatten – sie kamen aber immerhin auf knapp 15 Prozent der Wählerstimmen.

15 Prozent. Bedrückend.

Bei der Frage, wen würden Sie kommenden Sonntag bei der Bundestagswahl wählen, liegen die Grünen auf Platz zwei, bei rund 20 Prozent.

20 Prozent. Sehr bedrückend.

Denn: Die Grünen sind die Partei, die wie keine andere für Aufrüstung, Krieg, Konfrontation mit Russland, das es (O-Ton Baerbock) »zu ruinieren« (!) gilt, steht.

20 Prozent der Wähler (und Wählerinnen) sind damit für eine Partei, die mit einer außergewöhnlichen moralischen Rigidität und einem selbstgerechten Furor für eine Politik eintritt, die in den Dritten Weltkrieg führen kann.

In den 1990er-Jahren war ich mal Chefredakteur der taz. Es war die Zeit der aufziehenden Balkankriege. Ich hielt die Nato-Osterweiterung für keine gute Idee, ich war (auch mit Kommentaren) gegen eine Beteiligung der deutschen Armee an diesen Kriegen. Gegen diese Position (g)eiferten Teile des taz-Auslandsressorts, des Meinungsressorts, des Inlandsressorts.

Der Hintergrund: Die Grünen mit Joschka Fischer wollten damals mit aller Macht an die Macht, und das hieß: Bedingungsloses Ja zu Nato und zur Bundeswehr, bedingungsloses Ja zur Nato-Osterweiterung, Ja zu einer möglichen Beteiligung an dem absehbar drohenden Angriffskrieg gegen Serbien.

Und Joschka Fischer war klar, dass es extrem wichtig ist, dass die taz als Sprachrohr der Grünen, auch linker (Gegen)-Öffentlichkeit, auf diesen Pro-Nato-Kurs einschwenkt und ihn publizistisch unterstützt – dass dies viel wichtiger ist als das selbstverständliche Ja der FAZ zum Militarismus.

Es ging um nichts weniger als die Umerziehung einer Bevölkerung, die kritisch gegenüber der Armee, in ihrer überwiegenden Mehrheit ablehnend gegen Kriegseinsätze war. Es galt, die Skepsis, die Unwilligkeit der zu vielen Friedenswilligen zu überwinden. Es ging darum, den grün-alternativen Pazifismus, dieses lästige Gedankengut, auf den Müllhaufen der Geschichte zu werfen.

Es war ein Kampf um die Herzen und Köpfe.

Entsprechend heftig agierten Fischers Bodentruppen in der taz gegen mich, machten mir das Leben schwer.

Ein Beispiel: Ich wusste, dass Rolf Winter, großer Journalist der alten BRD, Ex-Stern-Chef, Ex-Geo-Chef, aufgrund persönlicher Erfahrungen in Jugoslawien während des Zweiten Weltkriegs ein Anti-Militarist geworden ist. Ihn bat ich, einen Essay über den um sich greifenden Militarismus zu schreiben – heraus kam ein fulminantes pazifistisches Manifest. Nur: Für mich war es unmöglich, diesen Essay in der taz zu publizieren; das ginge, hieß es, in dieser historischen Situation nicht.

Fast zwei Wochen lang gab es täglich heftige Streitereien und Diskussionen, auch Weinkrämpfe wegen dieses Artikels. In einer Redaktionskonferenz sagte ich irgendwann, genervt, frustriert, enttäuscht: Die Linke hat auch eine pazifistische Tradition, auch die Grünen haben zum Teil eine pazifistische Geschichte, und nun sagt ihr mir: Diesen Artikel können wir in der taz nicht drucken? Also, meinte ich, das hieße doch im Klartext, wir könnten heute Wolfgang Borcherts großes Gedicht »Dann gibt es nur eins!« auch nicht mehr drucken? Darin heißt es ja: »Du. Mann an der Maschine und Mann in der Werkstatt. Wenn sie dir morgen befehlen, du sollst keine Wasserrohre und keine Kochtöpfe mehr machen – sondern Stahlhelme und Maschinengewehre. Dann gibt es nur eins: Sag NEIN!«

Schließlich haben wir uns so geeinigt, dass Rolf Winters Friedensaufruf neben einen Essay gestellt wurde, der für Bundeswehreinsätze, für das Ja zur Nato warb. Gleichwohl, die Bellizisten in der taz kämpften weiter – mit einem Eifer (der sich auch aus Renegatentum speiste), dem man rational nicht begegnen konnte. Sie kämpften damals schon für die »Zeitenwende«, die Enttabuisierung des Militärs. Und so gaben mein Co-Chef und ich irgendwann entnervt auf. Wir kapitulierten. Wir kündigten.

Die Bellizismus-Saat, die damals gesät wurde, die die taz übernahm und seither sorgsam pflegt, ist heute aufgegangen und erlebt ihre Blüte in Figuren wie Anton Hofreiter, Annalena Baerbock, Robert Habeck. Die sich quälen, debattieren, zweifeln – um dann, immer wieder erwartbar, zu sagen: Ja!

Ja zu Waffen in Krieg führende Scharia-Staaten; Ja, dass Schrott-AKWs länger laufen. Ja, um Kohle abbaggern zu lassen. Ja, um umweltschädliches Fracking-Gas zu ordern; Ja, um immer schwerere Waffen für die Ukraine zu fordern und zu liefern, um China zu drohen, kurz: um eine Realpolitik zu betreiben, die surreal ist – und alles gefährdet.

Das einzige Prinzip, das diese Partei hochhält, dem sie sich verpflichtet fühlt, seit Langem: Prinzipienlosigkeit. Und: Machtgeilheit.

Bin ich gemein?

Vor vielen Jahren, Anfang der 90er-Jahre des vorigen Jahrhunderts, führte ich ein Gespräch mit Otto Graf Lambsdorff, einem der größten Polit-Schlawiner der BRD, Ehrenvorsitzender der FDP, verwickelt in Mauscheleien der unfeinsten Art, Flickskandal, Steuerskandale. Seine Maxime: Nehmt den Armen, gebt den Reichen. Für den Spiegel-Gründer Rudolf Augstein war Lambsdorff »der Spitzenpolitiker mit der bekleckertsten Weste«, der »rotzfreche Graf«.

Er also, der oberschlaue, skrupellose Politstratege, höhnte damals über die Grünen und Joschka Fischer so: »Mit dem Herrn Fischer können Sie alles haben. Den interessieren seine Parteiprogramme überhaupt nicht. Sie wissen nie, wo Sie mit ihm dran sind. Das einzig Zuverlässige bei ihm ist seine absolute Unzuverlässigkeit – ich meine das nicht moralisch, sondern politisch. Der Mann ist so wendig, dass er schon um die nächste Ecke rum ist, bevor Sie mit ihm anfangen zu streiten.«

Damals fand ich diese Einschätzung Fischers (und somit der Grünen) frech.

Heute ist das die nüchterne Analyse dieser Partei. Einer Partei, die alle Grundsätze, die mal zu ihrer Gründung führten, nachhaltig entsorgt hat. Nur eines hat sie behalten: ihr pietistisches Moralisieren. Bei allem Verrat …

… ich spüre, wie auf meinem Körper etwas eingezeichnet wird, Punkte und Striche, dort, genau dort sollen ab kommendem Montag die Strahlen hin. »Sie können sich nun wieder anziehen.«

20. Oktober 2022

Eine alte Freundin aus Tübinger Tagen hat mich gefragt, wie ich mich fühle, wie es mir geht? Hier meine Antwort:

Du, liebe Brigitte, fragst, wie es mir geht?

So, ungefähr so:

Ich lebe derzeit in einem irrealen Zustand. Einerseits: Ich bin quietschfidel, fröhlich. Andererseits: Ich bin krank, sehr krank — ohne bisher etwas davon zu merken. Um meine Fröhlichkeit, die nicht mehr unbekümmert ist, liegt latent Düsternis.

Meine Stimmung kann rasch kippen. Ich bin merkwürdig fragil. Telefongespräche mit Freunden/Bekannten funktionieren gut, da lebe ich auf. »Dienst«gespräche (neulich mit einem Elektriker) sind schwieriger, vor ein paar Tagen musste ich so eines tränenerstickt abbrechen, ich konnte einfach nicht mehr.

Gestern traf ich einen alten Bekannten vom Stern. Eine gute halbe Stunde haben wir geredet, über Gott und die Welt. Meine Krankheit habe ich nicht erwähnt. Zum Abschied sagte er: »Arno, bleib weiterhin so fröhlich. Bleib gesund!« Als er das »Bleib gesund!« sagte, musste ich mich wegdrehen, fast wegrennen (naja, humpeln, denn mein linker Fuß ist ja lädiert), dieses gut gemeinte »Bleib gesund!« war zu viel für mich.

Was mir hilft, mich ablenkt: Mein Tagebuch. Meine Kommentare/Kolumnen.

Mein Tagebuch: Ich beschreibe da, so ehrlich ich kann, meine Stimmung, Stimmungsschwankungen, Gefühle, Ängste, Hoffnungen, Innenansichten. Ich schreibe über mich. Und doch: Ich bin da nicht Ich. Ich bin da eine Art Romanfigur, irgendwie unwirklich. Ich guck da von außen nach innen auf mich. Obwohl es intim ist, ist es distanziert. Und das tut gut.

Meine Kommentare/Kolumnen: Als ich beim Stern vor vier Jahren aufhörte, bekam ich einige Anfragen renommierter Zeitungen und Magazine. Ob ich Lust hätte, für sie etwas zu schreiben. Wie wär's mit einer Gesprächsserie? Ich habe damals alles abgelehnt, denn ich hatte das Gefühl: Ich habe in meinem Leben genug geschrieben, oft genug gegen den Wahnsinn unserer Zeit ankommentiert. Und was hat mein Schreiben gebracht? Ist die Welt dadurch irgendwie besser geworden? Nein.

Außerdem habe ich es die vergangenen Jahre sehr genossen, ziemlich ruhig zu sein. Es war schön, mich auf mein Bahnbuch zu konzentrieren.

Und jetzt? Jetzt habe ich eine Kolumne im Hamburger Abendblatt, ich habe sie »Merkwürdige Zeiten« betitelt, und für meinen Verlag schreibe ich regelmäßig auf seiner »Overton«-Plattform, schreib auch hie und da woanders.

Ich habe nun eine große Freiheit. Ich mache nun keine Kompromisse mehr. Vor einiger Zeit hätte ich nicht schreiben, öffentlich machen können, wie das mit der taz war, weshalb ich gekündigt habe, was für Kämpfe dahintersteckten – ich bin aber nun in der sehr privilegierten Position, völlig frei zu sein.

Ich schreibe nur noch das, worauf ich Lust habe; primär, um mich von diesem Viech in meinem Körper, das mich auffrisst (oder auffressen will), abzulenken. Diesem Bürgerkrieg in mir.

Was schön ist: Ich bekomme mit, dass meine Arbeit respektiert und geschätzt wird. Neulich war Barbara mit einem ihrer Chefs essen, um ihm zu sagen, dass sie sich in den kommenden Wochen wegen mir vielleicht öfters zurückziehen wird, vielleicht eine Auszeit nehmen muss. Und der sagte, ich sei ja »eine Legende im deutschen Journalismus«. Lebende Legende, beeilte er sich zu sagen. In meinem anderen Leben hätte mich dieses Werturteil sehr gefreut. Und es freut mich auch jetzt. Aber ich nehme das seltsam distanziert wahr, als würde es mich nicht betreffen. Ich registriere es.

Da ist ein Graben zwischen mir und der normalen Welt. Und irgendwie verschwindet darin ganz schnell so vieles. Es ist ein unüberwindbarer Graben.

Oder eine Schranke. Die nicht hochgeht. Ich glaube, ich kann nicht genau ausdrücken, wie ich mich fühle.

Wie ich mich kommende Woche fühle? Ab Montag wird mein Leben wohl sehr ernst. Da geht die Bestrahlung los.

Alle Ärzte sagten zu mir: Sie müssen viel essen, Sie müssen dicker werden, Speck zulegen – die kommenden Monate werden an Ihnen zehren. Ich esse nun sehr viel, schlemme: Butter, Milch, Sahne, Fisch, dicke Saucen. Aber ich werde nicht dicker.

Schlimm sind oft die Nächte. Da rasen die Gedanken zu häufig unkontrollierbar. Albträume. Manchmal muss ich mich zwingen, aufzuwachen. Bin dann verstört.

Ohne Barbara wäre ich verloren.

So, liebe Brigitte, so fühle ich mich.

Herzlich:
Dein Arno

22. Oktober 2022

Klimakrise, Krim, Krieg, Krebs, Korona – kann jemand (bitte!) diesen Buchstaben »K« aus dem Alphabet entfernen? Ja, Korona schreibt sich mit C … egal.

Manchmal, um mich abzulenken, schreibe ich an Freunde längere Mails, versuche dabei, die herrschenden Verrücktheiten zu verstehen, eben: Klimakrise, Krim, Krieg, Krebs, Korona. Oder diese Löcher in diesen Pipelines. Wer steckt dahinter?

Aus einer Mail an einen Spiegel-Kollegen:

Langsam müsste man sich doch als aufgeweckter Journalist wundern, dass es NOCH IMMER KEINE Beweise für diese Löcher in den Pipelines gibt. Ist doch seltsam, oder? Ich sage jetzt ungeschützt: Wenn es DIE Russen waren (natürlich waren SIE es!), dann gäbe es doch schon lange mediales und politisches Gebrüll und Schuldzuweisungen und Aufmarsch US-amerikanischer Flugzeugträger, TV-Sondersendungen, TV-Extras, Botschafter-Einbestellungen, diplomatisches & militärisches Gerassel. TINA! There is no alternative. Wir müssen nun ein-, angreifen!

Stattdessen:

Dröhnendes Schweigen.

Merkwürdige Gerüchte.

Nichts.

»Warum«, heißt es im Spiegel, »warum sollten die Amerikaner auch, im Ernst gefragt, die Rohre sprengen?«

Tja, warum? Follow the money. Folge dem Geld.

Bei diesem LNG-Geschäft geht es ja nicht um einige Milliarden Dollar, nicht um peanuts, es geht um Billionen Dollar, also um Elefanten. Und, zur Erinnerung: Die USA haben kalt-brutal-wirtschaftskriegsmäßig unzählige Firmen boykottiert und auf den Index gesetzt, die sich am Pipelinebau beteiligt hatten. Schöne Freunde. Aber Freunde. Und so, klar: Es kann nicht sein, was nicht sein darf. Man darf es nicht mal denken. Und so denken wir es nicht.

Und wegen dieser gesprengten Pipelines habe ich an Sahra Wagenknecht ein paar Fragen gestellt:

Von: Arno Luik
Datum: Samstag, 22. Oktober 2022 um 14:20
An: SW.
Betreff: Pipeline.

Liebe Sahra Wagenknecht,
Frage: Sie haben doch in dieser Sache Anfragen an die Regierung
gestellt? Was halten Sie von dem Ganzen? Den Antworten, den
Nichtantworten der Regierung?
   Was ist Ihre Erklärung?
   Würde mich interessieren.

Mit Grüßen:
Arno Luik

Von: S. Wagenknecht
Datum: Samstag, 22. Oktober 2022 um 18:03
An: Arno Luik
Betreff: Re: Pipeline.

Lieber Arno Luik,
die Bundesregierung hat auf meine Anfrage hin faktisch gesagt,
dass sie etwas weiß, es aber aus »Gründen des Staatswohls« nicht
mitteilen kann. Nun, wenn Russland der Übeltäter wäre, gäbe
es ja ganz sicher keine Gefährdung des »Staatswohls«, wenn das
öffentlich bekannt würde. Schon allein das bestätigt, dass es wohl
ein Verbündeter war … Sie wissen, dass die Amis unter Reagan
schon mal eine sibirische Pipeline in die Luft gejagt haben? Die
Nachdenkseiten haben vor Kurzem darüber berichtet.

Liebe Grüße,
Sahra Wagenknecht

An eine Freundin, die an meinen Artikeln interessiert ist, habe ich heute Vormittag meinen »Wir sind dazu in der Lage«-Kommentar (https://overton-magazin.de/hintergrund/politik/wir-sind-dazu-in-der-lage/) »mit herzlichen Grüßen und hoffend, dass es dir/euch gutgeht«, geschickt. Am frühen Abend bekomme ich diese Antwort:

Lieber Arno,
zunächst einmal vielen Dank für Deinen interessanten Artikel.
Wir leben in einer gefährlichen Zeit, alles kann passieren.
Entschuldige, dass ich so spät antworte. Ich konnte einfach nicht.
Während meiner langen Erkältung ertastete ich ganz zufällig einen Knoten in meiner Brust.
Am Vortag unseres Mädel-Treffens bestätigte mein Arzt leider meinen Verdacht; böse und mittelgroß.
Es wurden weitere Untersuchungen mit gleichem Ergebnis durchgeführt.
Nächsten Freitag erfahre ich in der »Krebskonferenz«, wie es mit mir weitergehen soll.
Ich durchlebe gerade schlimme Tage und stehe völlig neben mir.
Lieber Arno, aber das kennst Du ja.
Diese Ungewissheit setzt mir besonders zu.
Was ist, wenn der Krebs ausgerechnet jetzt streut, bevor ich eine Behandlung beginnen kann?
Werde ich amputiert, werde ich sterben ....
Wieso fängt man bei dir erst am Montag mit der Bestrahlung an?
Peter weilt ausgerechnet jetzt für mehrere Wochen in Italien und dreht in einem Bergdorf.
So bin ich auf mich gestellt. Über meine Situation zu reden, schaffe ich noch nicht.

Meine Freundinnen wissen daher auch noch nichts darüber, ich möchte den Freitag abwarten.

Mein Sohn geht mit mir spazieren und ist sehr lieb.

Ich drücke Dir für Montag die Daumen, hoffentlich wird es nicht zu heftig.

Liebe Grüße auch an Barbara.

Angelika

Puuh. Verdammter Krebs. Ich kenne nach zweieinhalb Jahren Corona keinen Menschen in meiner Umgebung, der an dieser Seuche gestorben ist, ich kenne vier, fünf Bekannte, die an Corona erkrankt waren. Aber ich kenne fast ein Dutzend Menschen, die in diesem Zeitraum an Krebs gestorben sind – und noch einige mehr, viel mehr, die an Krebs erkrankt sind.

Ein Blick in das Statistische Bundesamt: 229 069 Tote aufgrund von Krebs zählte die Behörde vorvergangenes Jahr; nach Herz-, Kreislauf-Erkrankungen war das die häufigste Todesursache hierzulande.

Puuh. Verdammter Krebs.

Liebe, liebe Angelika:

Das sind ja schlimme Nachrichten. Scheiße.

Nachrichten, die man nicht lesen will. Man ist plötzlich aus der normalen Welt hinausgeworfen. Es macht mich traurig, dass du diese Diagnose hast.

Hast du Peter davon erzählt? Wie lange ist er noch weg? Er hat sich ja soooo auf diese Rolle gefreut, obwohl er ja verneint hat, nun ein kleiner Jimi Hendrix zu sein. Mist.

Bei der »Krebskonferenz« (bei mir hieß sie: Tumorkonferenz) werden sie dir vermutlich keine Alternativen präsentieren. Ich

vermute, sie werden wahrscheinlich sagen: Chemo. Dann Be-
strahlung. Dann wieder »staging«, also Begutachtung.

Ich habe sehr viele Ratschläge bekommen, manchmal belastend
viele sogar, aber für mich beschlossen, den Weg, den die Ärzte
hier vorgeschlagen haben, zu gehen. Obwohl, es war schon bi-
zarr: Zwei Ärzte aus der gleichen Klinikabteilung haben unter-
schiedliche Therapien-Abfolgen vorgeschlagen. Die eine Ärztin:
erst Chemo, dann … Der andere Arzt: erst Bestrahlung, dann
Chemo.

Vincent Klink, der sich um mich sorgt, hat mir empfohlen,
mehrere Meinungen einzuholen. Ich habe ihm heute (kleiner Aus-
zug meiner Mail an ihn) so geantwortet:

Lieber Vince, ja, ich habe mich schon ein wenig erkundigt, und
ich habe auch das Gefühl, sehr gut beraten worden zu sein. Al-
lerdings: Ich habe auch das Gefühl, wenn man 10 Ärzte befragt,
bekommt man 12 Meinungen.

Ich gehe nun diesen Weg: Bestrahlung. 5 Tage jeden Tag. 14 Tage
Pause. Danach Chemo, 18 Wochen lang. Dann mal sehen.

Die Ärzte hier in Hamburg (UKE) haben weltweit einen guten
Ruf.

Soweit mein Brief an Klink.

Warum es erst jetzt mit der Bestrahlung losgeht? Ich habe
ja nochmals mit der Praxis diskutiert, weshalb sie zwei unter-
schiedliche Wege vorschlugen. Das hat alles ein wenig verzögert.
Ich habe mich für die Bestrahlung deswegen entschieden, weil sie
heute gezielt vorgehen können – anders als noch vor anderthalb
Jahren. Und es ein – vielleicht – leichterer Einstieg in das Ganze
ist. Sie sagten auch, auf eine Woche mehr oder weniger kommt es
nun nicht an: Wir müssen alles gut vorbereiten. Das ist wichtig.

Ich/wir haben uns entschlossen, keinen Krebstourismus zu machen. Tübingen, u. a., wurde mir ans Herz gelegt. Vor Heidelberg gewarnt. Ich habe ein Grundvertrauen (alle Gespräche verliefen sehr gut) in die Ärzte hier in Hamburg.

Wenn du willst, schicke ich dir mein Tagebuch. Sag ehrlich, ob du es willst.

Plötzlich setzt man sich mit Fragen auseinander, existenziellen Fragen, nein, man setzt sich nicht auseinander, sie drängen einfach rücksichtslos in einen rein, besetzen, übernehmen das Gehirn, den Gefühlshaushalt: die Endlichkeit des eigenen Lebens. Die Verletzlichkeit. Was wird aus mir?

Ich habe, wie gesagt, sehr viele Ratschläge bekommen. Iss das, iss das nicht, auf keinen Fall weißes Mehl, kein rotes Fleisch. Verbote. Gebote. Verbote. Eine uralt Freundin wurde richtig heftig, als ich ihre eher esoterischen Vorschläge ablehnte. Ich habe alle Ärzte gefragt, was sie zum Thema Essen meinen. Alle, sie alle sagten: Wir sprechen keine Verbote aus. Warum auch? Ihr Problem wird sein, den Appetit nicht zu verlieren. Essen Sie, worauf Sie Lust haben. Sie brauchen Kraft. Lebenslust.

Manchmal, immer wieder, denke ich: Es kann doch nicht sein, dass ICH Krebs habe.

Ja, alles kann passieren. Das Gute aber auch.

Liebe Grüße:
Arno

Um mich von all der Traurigkeit abzulenken, gehe ich in die Küche. Ich habe ja den ärztlichen Befehl, mich zu mästen.

Und so schlemmen wir jetzt, Barbara und ich, vor allem ich. Gestern Abend gab es, politisch-ökologisch total unkorrekt:

Vorspeise: Thunfisch, Jakobsmuscheln.

Hauptspeise: Fischsuppe mit allerlei Meeresgetier. O-Ton Barbara: »Die beste Fischsuppe aller Zeiten.«

Das ist ja das Tolle hier: direkt vor unserer Haustür, der Ise-Markt – mit drei wahnsinnig guten Fischhändlern.

Nachspeise: eingelegte Birnen aus Königsbronn.

Dazu: sehr gute Weine.

Heute Abend gibt es u. a. Kalbsfilet, morgen: Gänseschenkel mit Semmelklößen.

SECHS

24. Oktober 2022

Nachher habe ich meine erste Bestrahlung. Dreimal wurde der Termin kurzfristig verändert: Personalmangel, Stress, Zeitnot – hieß es: »Kommen Sie um 13 Uhr 40. Da, denke ich, hoffe ich, sind wir entspannt.«

Das hoffe ich auch.

Die Nacht heute war relativ angenehm. Gegen halb vier bin ich aufgewacht, dachte, blöd, jetzt ist es mit dem Schlaf wieder mal vorbei. Aber dann kam ein (Alb-)Traum, der ziemlich spannend war: Ich war in Russland. Bin in einen Gulag verschleppt worden. Konnte von dort fliehen, traf im Schneesturm auf eine Jugendgang, die mir mein Brot wegnahm, meine Uhr. Plötzlich stand ich auf einem Bahnsteig in einem alten schönen Jugendstilbahnhof, versuchte, in einen Zug mit einer Dampflokomotive, geschmückt mit roten Fahnen, nach Moskau einzusteigen, wurde daran aber gehindert. Ein paar KGB-Typen schleppten mich in ein kleines Büro, dort schlugen ein paar andere KGB-Schergen gerade einen Mann zusammen, und plötzlich, ich weiß nicht warum, sah ich, wie ich aus einem Flugzeug geworfen wurde und auf eine riesige, dunkle Wassermasse zufiel …

Wie war die Bestrahlung? Völlig ruhig musste ich liegen, das war der strikte Befehl. Ich lag ruhig da, aber plötzlich: Kribbeln in der Nase, Lust, mich an der Nase zu kratzen; plötzlich wird mein rechtes Bein heiß, dann mein rechter Arm, bilde ich mir das nur ein? Da ist unwillkürlich die fast unbezwingbare Sehnsucht mich zu kratzen, mich zu bewegen. Ein Hustenanfall, den ich mit Mühe unterdrücke. Die Sekunden, die Minuten in dieser Röhre verstreichen unendlich langsam. Das Tacktack der Röntgenstrahlen, anschwellend, abschwellend, hämmernd, wie Maschinengewehrgarben. Lasst mich raus!

Ankündigung des Deutschlandfunks um 19 Uhr 59: »Morgen, 10 Uhr 10, in der Sprechstunde: DARMKREBS.«

Ich kann diese Sendung nicht hören, habe andere Verpflichtungen: Um die Zeit werde ich bestrahlt.

25. Oktober 2022

Ich komme gerade von der zweiten Bestrahlung. Auf dem Weg zum UKE, ganz kurz vor dem Krankenhaus, durchquere ich einen kleinen Park. Ich nenne ihn »Park der Traurigen«, denn man sieht auf den Bänken und auf den Wegen fast nur Menschen, denen man ihre Krankheit, ihre Trauer anmerkt. Gedämpfte Stimmung. Träge Langsamkeit. Rollstühle. Krückstöcke. Und einige Menschen wie ich mit einer Tasche in der Hand: darin eine Decke. Für die Bestrahlung. Es ist in dem CT ziemlich kalt.

Ganz anders als im Krankenhaus in Heidenheim, das ich wegen meiner Mutter vor einigen Jahren erlebte – und wo es zuweilen recht ruppig zuging. Hier, auf all den Stationen, die ich bisher erlebt habe, waren alle, wirklich alle Pfleger und Pflegerinnen, Ärzte, sie alle waren und sind außergewöhnlich

freundlich, hilfsbereit, sie beantworten einem jede Frage mit
großer Ausdauer.

Ein großes Glück für mich: Wenn ich von unserer Wohnung
langsam zum UKE trotte, sehr gemütlich, brauche ich nicht
mal 20 Minuten. Und es tut gut, nach der Bestrahlung ge-
mächlich nach Hause zu wackeln.

Dass diese Bestrahlung etwas in mir anrichtet, spürte ich
gestern Abend beim Essen. Plötzlich schlug Genuss in totalen Ekel um. Ich konnte nicht anders, ich musste – was ich
nie tue, ich bin da Produkt meiner Erziehung, vielleicht ist es
auch noch dieser Nachkriegszeit geschuldet: Ich musste, obwohl ich es nicht kann, mich dabei schlecht fühle, Teile meines Essens in den Müll werfen.

Plötzlich hat alles nach Seife geschmeckt.

28. Oktober 2022

»Die Wahrscheinlichkeit, dass Sie an einem Gehirnschlag sterben, ist größer als die Wahrscheinlichkeit, dass Sie an diesem
Krebs sterben« – das hatte vor einigen Wochen ein Arzt gesagt.

Er hatte dies gesagt, als er mein entsetztes Gesicht sah nach
seiner Erklärung, dass ich im Krebsstadium 3 sei.

Ich gehe jetzt gleich zur letzten Bestrahlung, danach gibt es
eine Besprechung mit dem leitenden Arzt, bin gespannt, was
er zu sagen hat. Ich bin aufgeregt.

Bisher hatte ich mit der Bestrahlung Glück, bisher habe
ich keine der möglichen Nebenwirkungen. Bis auf dieses
Abendessen. Aber vielleicht ist da einfach die Psyche durch-
gedreht.

1. November 2022

Nur am Rande kriege ich mit, dass vor ein paar Tagen in der Talkshow von Anne Will ein grüner EU-Abgeordneter mehr Waffen, noch mehr Waffen für die Ukraine gefordert hat mit den Worten, das sei eine »humanitäre Pflicht«.

Vor Kurzem hätte mich diese Perversion des Humanitären zu einem Kommentar angestachelt, heute nehme ich diesen Wahnsinn, der bei den Grünen seit Jahren Normalität ist, seit dem gewissenlos-rüpelhaft-unseligen Agieren von Fischer & Cohn-Bendit, kaum mehr wahr.

Die wenigen Ausschnitte, die ich im Fernsehen vom letzten grünen Parteitag wahrgenommen habe, die Redebeiträge auch der einfachen Funktionäre schufen in mir das Gefühl: Diese Partei ist eine Sekte geworden. Gefühlsduseleien ohne analytische Kompetenz. Alles befeuert von einer moralischen Selbstgefälligkeit, getrieben von einer selbstgerechten Kreuzzugsmentalität, die mir Angst macht.

Gelegentlich, obwohl es wegen der divergierenden Meinungen immer schwieriger wird, streite ich mit einem Freund, einem der bekannteren Hauptstadtjournalisten, der in der ARD kommentiert und auch in der SZ schreibt.

Er hat den gleichen selbstgerechten Furor wie die meisten (Regierungs-)Grünen. Er sieht sich – wie sie – in einem Existenzkampf, da gibt es kein Grau, keine Zwischentöne mehr: *Wir* sind die absolut Guten. Und *wir*, die absolut Guten, stehen im Kampf gegen die absolut Bösen. In seinen Worten ist es so: »Putin will die widerspenstige Zivilbevölkerung schlicht ausrotten und ebenso die ganze Kultur der Ukraine.«

Ausrottung? Ausrottung! Trifft dieses Unwort die traurige und brutale Realität dieses Kriegs? Wenn dort ausgerottet wird, wenn das stimmt, wie müssen dann *wir,* die Guten, agieren? Und reagieren? Zu was sind *wir* dann verpflichtet?

Wer so denkt, so kommentiert wie mein ARD-Freund – der bereitet, Entschuldigung, den totalen Krieg vor. Er will ihn womöglich sogar. Er hält ihn zumindest für unausweichlich. Denn: *Unsere* Zivilisation steht auf dem Spiel.

Dieses schlichte, dieses martialische Wildwestdenken erklärt wohl auch den Sicherheitsring der führenden Medien um die Nato-oliv-Grünen. So wurde und wird die Heuchelei der regierenden Grünen medial so gut wie nicht problematisiert: diese Heuchelei etwa des grünen Vizekanzlers, die es ihm ermöglicht, aus vorgeblich alternativlos-moralischen Gründen den Wirtschaftsboykott gegen Russland noch zu verschärfen (der nicht nur hierzulande Millionen Menschen verarmen lässt, Inflation, eventuell Deflation provoziert, also Unsicherheit und Chaos hervorbringt), aber gleichzeitig einen Bückling vor einem saudi-arabischen Despoten zu machen (Moral ade), der einen Journalisten bei lebendigem Leib in einem seiner Konsulate hat zerstückeln lassen, der einem Scharia-Staat vorsteht, in dem Frauen fast keine Rechte haben, Frauen gesteinigt, politische Gegner öffentlich ausgepeitscht, Lügnern die Zunge rausgerissen, Dieben Hände abgehackt werden; unterwürfig gegenüber einem Despoten, der seit vielen Jahren einen völkerrechtswidrigen Angriffskrieg (mit Waffen aus dem Westen) gegen den Jemen führt.

So, medial gut beschützt, kommt es, dass die grüne Außenministerin zur beliebtesten Politikerin werden kann, obwohl sie auf diesem Parteitag – stehend beklatscht von ihren Sektenmitgliedern – irrwitzig begründet und geradezu durchgeknallt rechtfertigt, dass Waffen, Kampfjets und Munition in das Despoten-Regime Saudi-Arabien geliefert werden müssen.

Damit Geld reinkommt in die Staatskasse. Damit die Hilfe für Kinder hierzulande nicht zu sehr eingeschränkt werden muss. Tote Kinder dort für fröhliche Kinder hier.

Zynismus total.

Dramatisiere ich?

Im O-Ton Baerbock hörte sich dieser eiskalte Sozialimperialismus so an: »Ich will nicht, dass wir noch mehr im sozialen Bereich sparen und Lisa dann keine Mittel mehr hat für die Kinder, die sie dringend brauchen.«

Lisa ist ebenfalls eine Grüne, mit Nachnamen heißt sie Paus – und ist Familienministerin.

Rauschender Beifall der Delegierten für Baerbocks unwertegeleitete Waffenrede. Und im Jenseits zieht Kaiser Wilhelm II. vor diesem neuen deutschen Militarismus voller Respekt seine Pickelhaube.

»Man soll dem deutschen Volk doch den einzigen Sieg lassen, den es 1945 errungen hat, nämlich den Sieg über den Militarismus«, sagte kurz nach dem Schrecken des Zweiten Weltkriegs Carlo Schmid, einer der Väter des Grundgesetzes. Damit ist es nun endgültig vorbei – dank dieser Friedenspartei a. D.

Ach. Über 400 000 Tote, darunter Tausende Kinder, Millionen Vertriebene, hat dieser von Saudi-Arabien geführte Jemen-Krieg bisher gefordert – von der Außenministerin hört man dazu: nichts. Kein Mitgefühl.

Die Besprechung nach der Bestrahlungstherapie dauert eine halbe Stunde. Ich erfahre, dass ich von einem Gerät beschossen worden bin, das es bisher nur zehnmal in Deutschland gibt. Ich erfahre, dass alle meine Werte (bis auf diesen Krebs-Marker) sehr gut seien, mein Körper »sehr viel Power« hat und dass deswegen »wir Ärzte überzeugt sind, dass es gut mit Ihnen ausgehen wird. Wir wünschen Ihnen viel Glück! Viel Glück bei der weiteren Behandlung.«

3. November 2022

Die Nacht war nicht schön. Bin gegen zwei Uhr aufgewacht. Im Kopf ging sofort das Karussell los. Da war das Telefonat mit meiner Hausärztin, sie hustete schwer, wie schon seit längerer Zeit. Sie hat zudem gerade Covid und hat – plötzlich – Angst, Krebs zu haben. Sie will sich aber nicht untersuchen lassen. Wenn es um sie selbst ginge, wenn sie also Krebs hätte, würde sie »auf jeden Fall« versuchen, eine Chemo zu vermeiden – diesen nahezu unkontrollierbaren Generalangriff auf den Körper. Warum sagt sie das jetzt? Nachdem sie zuvor meine Strahlen/Chemotherapie als richtige Vorgehensweise bewertet hat?

Was ist richtig, was ist falsch? Nach all den Ärzten, die ich erlebt habe, weiß ich: Die Ärzte wissen nicht viel bei dieser Krankheit, sie schwimmen, sie orientieren sich an Studien, sie experimentieren, und manchmal sagen sie auch nicht wirklich die Wahrheit, so empfinde ich es.

In meinem Fall sagte ein Arzt zu diesem Vorgehen: erst Bestrahlung, dann Chemo. Dazu gebe es bisher nur zwei Studien, aber die würden nahelegen, dass die Heilungschancen deutlich größer seien. Doch es gebe noch keine Vergleichsstudien zum umgekehrten Vorgehen.

Ein paar Tage später sagt mir eine Ärztin: Es gebe mehrere große Studien, auch Vergleichsstudien, die belegen, dass die Strahlen/Chemotherapie »deutlich erfolgsversprechender« sei.

Ja, was denn nun?!?, hämmert es diese Nacht unablässig in meinem Kopf.

Ich versuche, das Gehämmere wegzubekommen, will schlafen, das klappt nicht, mühe mich um andere Gedanken. Vor zwei Tagen starb, am Arbeitsplatz, der Sternekoch Heinz Winkler. Ein Mann aus, wie es immer so herablassend heißt, ganz armen Verhältnissen, aufgewachsen in den Bergen Südtirols. Aufgrund seiner begnadeten Kochkunst hineinkatapultiert in eine für ihn fremde Welt: Reiche, Gourmets, Künstler. Er, der sich fast nur am Herd ausdrücken konnte, der sich drei Sterne erkochte, und als er einen verlor, drauf und dran war, sich umzubringen. So wie kurz zuvor der große französische Koch Bernard Loiseau, der sich erschoss, weil der Gourmet-Führer Gault Millau ihn zurückgestuft hatte und Michelin mit der Aberkennung des dritten Sterns drohte. Ich wollte damals mit Winkler ein Gespräch führen: über seinen Aufstieg, diesen zermürbenden Kampf um Anerkennung, diesen Druck, oben zu bleiben, über seine überdimensionierte »Residenz Aschau«, über all diesen ganzen Wahnsinn von Eitelkeit, Ehre, Ruhm wollte ich mit ihm reden, leider wurde daraus nichts.

Halb fünf. Caryl Churchill kommt in meinen Kopf. Caryl wer? Die britische Autorin sollte diesen November den »Europäischen Dramtiker:innen- Preis 2022« bekommen (wirklich wahr: »Dramatiker:innen«), ein hochdotierter Preis mit 75 000 Euro – für ihr Gesamtwerk. Wie es in der Würdigung heißt: »Churchill greift gesellschaftliche, humane, wissenschaftliche und politische Fragestellungen auf«, sie habe »in ihren zahlreichen Stücken unterschiedliche Machtstrukturen scharf herausgearbeitet.«

Ein schönes Lob. Das nun zurückgezogen wurde. Denn die 84-Jährige, das fand man nun plötzlich heraus, sei des Preises nicht würdig, sie habe im Zusammenhang mit der Israel-Boykottbewegung einige Dinge unterschrieben. Das gehe nicht, natürlich nicht.

Auslöser für die peinliche Preisrücknahme, die symbolhaft, aber auch faktisch die Einengung der Gedankenfreiheit bedeutet: der grüne Politiker Volker Beck, Präsident der Deutsch-Israelischen Gesellschaft. Er hat seinen Parteifreund Winfried Kretschmann, Schirmherr dieses Preises, Ministerpräsident von Baden-Württemberg, dazu aufgefordert. Per Telefon? Fax? Mail? Hat er es eifernd, geifernd getan – im Stil jener Rechthaber-Täter, die Giordano Bruno dem Feuer übergaben?

Ich denke nach über jakobinische Scharfrichter – ist es wieder ihre Zeit?

Der Schlaf kommt nicht, stattdessen völlig unzusammenhängende Gedankenschnipsel, zum Beispiel ein Satz, der Voltaire zugeschrieben wird: »Ich bin zwar anderer Meinung als Sie, aber ich würde mein Leben dafür geben, dass Sie Ihre Meinung frei aussprechen dürfen.«

Mir fällt die Orwellsche »Gedankenpolizei« aus seiner Dystopie »1984« ein. Ist Beck so ein »Polizist«? Vielleicht würde er auch so einen Satz eliminieren wollen, einen der wichtigsten der Weltliteratur, es sind nur drei Worte, die Bitte des Marquis von Posa an König Philipp II von Spanien in Schillers »Don Carlos«: »Geben Sie Gedankenfreiheit.«

Was ist los in *unserem* Land? Diese Zunahme an Ge- und Verboten, Stichwort »Documenta«, Stichwort Roger Waters, Pink-Floyd-Gründer, der zunehmend boykottiert wird, weil auch er Israel-kritisch ist, Stichwort Literatur-Nobelpreisträgerin Annie Ernaux, von der nun erwartet wird, dass sie bei ihrer Dankesrede demnächst in Stockholm einen Kotau macht, sich von sich selbst und ihren Gedanken zur Lage im Nahen Osten distanziert.

»N«-Wort, »I«-Wort auf dem Index, Astrid Lindgren umschreiben, Mark Twain am besten entsorgen, Denkmäler schleifen. Die Entsorgung des Verstörenden und Schmerzenden ist einfach. Aber wie soll man Geschichte verstehen (eventuell aus ihr lernen), wenn man Geschichte und ihre Worte, das, was die Gesellschaft zerreißt, nicht mehr benutzen darf?

Es ist ja nicht so, dass ich ein Freund der Bild-Zeitung bin, ich habe noch nie eine Bild gekauft, aber neulich musste ich wegen des Blatts sehr lachen.

Der Grund war die Titel-Schlagzeile: »Jetzt spricht Indianer ›Alter Elch!‹« Es ging um die schräge Debatte über den Ravensburger-Verlag, der zwei Begleitbücher zum Film »Der junge Häuptling Winnetou« aus dem Programm nahm, nachdem ihm Rassismus vorgeworfen worden war. Man sei, so der Verlag, zur Einsicht gelangt, »dass angesichts (…) der Unterdrückung der indigenen Bevölkerung, hier ein romantisierendes Bild mit vielen Klischees gezeichnet wird«.

Ein romantisierendes Bild mit vielen Klischees? Mit dieser Begründung müssten fast alle Liebesfilme verboten, große Teile der Weltliteratur weggesperrt, das Fernsehen abgeschaltet werden.

Ohne Karl May, so hat es mal der Befreiungstheologe Ernesto Cardenal gesagt, wäre er nie zu diesem Menschenfreund geworden. Und Ernst Bloch, ach, den kennen vermutlich jene nicht, die sich über Karl May ereifern, Bloch also, marxistischer Philosoph, hat seine May-Verehrung so zusammengefasst: »Es gibt nur Karl May und Hegel – alles dazwischen ist eine unreine Mischung.«

Was der »Alte Elch« bei Bild sagte, weiß ich nicht. Ich habe mir nur die Schlagzeile angeschaut; er wird schon das Richtige gesagt haben, hugh, denn ich kenne meine Indianer, ah, halt stopp, meine I… indigenen Völker genau: Ohne May, persönlicher Blick zurück, wäre meine Kindheit deutlich langweiliger gewesen. Ich komme aus einer Gegend mit Wäldern, Bächen, Seen, Felsen, eine Karl-May-Landschaft, und wir Kinder spielten dort seine Bücher nach: Ich, obwohl klein, war Old Shatterhand, mein Freund, schwarzes Haar, war Winnetou; wir bastelten uns Pfeil und Bogen, versuchten, was nie gelang, Vögel abzuschießen, wir fesselten einen bösen Kiowa-Indianer an den Marterpfahl, sehnten uns nach Pistolen und Tomahawks, nach Winnetous Silberbüchse, Old Shatterhands Henry-Stutzen, wir machten uns auf den Kriegspfad, aber heute verachte ich Waffen und Gewalt und …

… und die Gedanken rasen und …

Kein Schlaf.

Halb sechs. Annalena Baerbock. Sie hat vermutlich nie Karl May gelesen. Ihre Kinder sicherlich auch nicht, auch nicht Struwwelpeter, aber das führt ins Abseits. Jedenfalls gab es vor Kurzem ziemliche Aufregung um sie, weil sie in Prag wieder mal so Baerbocksätze von sich gegeben hat: »Aber wenn ich den Menschen in der Ukraine zugleich das Versprechen gegeben habe: Wir stehen an eurer Seite, solange ihr uns braucht – dann möchte ich es einlösen, egal was meine deutschen Wähler denken.«

Hochnäsig mögen diese Worte sein, Wähler verachtend. Doch vielsagender noch ist die abfällige Handbewegung, die Baerbocks Worte begleitete. Darin steckt die Hybris einer Politikerin, die Bürger erzürnt, Nahrung für Politikverdrossenheit bietet. Die vielen, die Baerbock nun medial verteidigen, sollten sich diese Szene ansehen.

Steinmeier. Der Bundespräsident war vor ein paar Tagen in der Ukraine. Eine inszenierte, durchchoreografierte Reise. Sie dient der Reinwaschung Steinmeiers, der aus Sicht der ukrainischen Regierung zu lange und zu heftig zu Putin-freundlich war.

Die unverfrorenste Inszenierung ist die Sache mit dem Luftschutzkeller. Sirenen. Steinmeier steht zufällig (zufällig?) vor einem Bunker. Gemütlich gehen er und seine Entourage da hinein. Im »Bunker« selbst ein Bänkchen, davor Stühle wie in einem Klassenzimmer. Sieht es so in einem Luftschutzkeller aus? Geht es so unter Stress in einem Schutzraum zu? Ich glaube nicht. Die Leute setzen sich hin, einige lächeln. Auch Steinmeier lächelt. Der Boden des Bunkers: gepflegter Stein. Man hört keine Flugzeuge, nichts, keine Einschläge. Auch erfährt man danach nichts über Schäden, Angriffe, Opfer.

Wo sind hier in diesem Bunker die »normalen« Menschen? Alte, Kinder, Gebrechliche. Durften die nicht rein, weil der BuPrä rein musste, für ihn alles reserviert war?

Die Stuhlkreis-Situation im Bunker: Es sieht aus wie in einer Schulklasse, wenn der Opa erzählt.

Das Ganze sollte aber zeigen: Gefahr. Tod. Tod lauert überall. Wir müssen helfenhelfenhelfen.

Selbst *unser* Präsident ist bedroht.

Ist aber eine schäbige Inszenierung zur Emotionalisierung der Heimatfront. Und alle, soweit ich es mitbekomme, alle Journalisten machen dieses Spiel mit.

Ich bin auch ein wenig beleidigt, dass die Propaganda so stümperhaft inszeniert ist.

Ein paar Tage später, am 28. Oktober, hält Steinmeier im Schloss Bellevue seine – wie es in einigen Medien vorauseilend heißt – »große Rede« zur Lage der Nation. Die große Rede: Er spricht von »Epochenbruch«, dass die Welt nach dem 24. Februar eine »andere geworden« sei; er prognostiziert »raue Jahre«, hofft auf »widerstandsfähige Bürgerinnen und Bürger«; er wiederholt ziemlich ungelenk, was medial seit Monaten geschrieben und ihm vorgesagt wird, er drischt sich durch Phrasen wie: »Es wird nicht einfach sein, und es wird anstrengend«, es ist eine Blut-Schweiß-und-Tränen-Rede von der Qualität eines schlichten Schüleraufsatzes. Nein, es ist keine »Blut-Schweiß-und-Tränen«-Rede, es ist einfach ein dürres, dürftiges Aneinanderreihen von Allgemeinplätzen. Glaubt er ernsthaft, so »die Menschen draußen im Land« (Politikerjargon) zu erreichen? Menschen, die Angst haben, unter anderem wegen der (Boykott)-Politik dieser Regierung ihre Jobs zu verlieren, ihre Wohnungen nicht mehr heizen zu können, nicht mehr genügend zu essen zu haben?

Als Journalist hatte ich nie Lust, diesen Politiker mit dem Charisma einer Büroklammer zu treffen, geschweige denn, ihn zu interviewen. Aber vor einiger Zeit, drei Jahre ist es her, habe ich Steinmeier erlebt. Er war in meinem Heimatdorf auf der Schwäbischen Alb, in Königsbronn. Der Grund für den bundespräsidentiellen Besuch dort auf dem Land: Georg Elser zu ehren, jenen Mann, der im Münchner Bürgerbräukeller am 8. November 1939 den Anschlag auf Hitler verübt hat. Die Tat eines einfachen Arbeiters, die jahrzehntelang in der Bundesrepublik (auch von Steinmeiers Partei, der SPD) nicht nur ignoriert, sondern oft auch diffamiert worden ist, weil da ja acht unschuldige Menschen umgekommen seien.

Steinmeier ist nun im Königsbronner Rathaus, was ich nicht weiß. Ich will zufällig daran vorbeiradeln, aber das Rathaus ist weiträumig von sehr viel Polizei, ziemlich viel Bundesgrenzschutz abgesperrt, hoch oben in der Luft dröhnt ein Hubschrauber. Was für ein absurder Aufwand für einen harmlosen Bürgerpräsidenten, wie groß muss seine Angst vor seinen Bürgern sein oder: seine Sehnsucht nach Machtdemonstration?

Egal, ich sehe die Absperrungen, die Einsatzfahrzeuge, die in Bereitschaft stehenden Krankenwagen, radle einfach weiter, ein überraschter Polizist lässt mich durch die Kette, und ich bin plötzlich auf dem kleinen Platz vor dem Rathaus. Die Tür öffnet sich, heraus schreitet der Bundespräsident, er geht nicht, er schreitet, und bevor er den Platz mit dem einsamen Radler sieht, wirft er noch unter der Rathaustür die Arme nach oben – grüßt staatsmännisch lachend nach links und rechts: ins Leere.

Dass diese Episode nun in meinem Kopf ist, danke, Herr Steinmeier, für diese Ablenkung; Blick auf die Uhr, es ist halb sechs, leider noch etwas zu früh, um aufzustehen.

Annalena Baerbock? Wo ist sie? Was macht sie gerade? Sie buhlt nun um Kasachstan. Sie setzt Spuren, die mir unheimlich sind. Poltert gegen China. Fein. Nur: Ist Kasachstan so viel besser? Ja, sagt Baerbock, dieses Land stehe »zur internationalen Ordnung«.

Das also ist die großartige, wertegeleitete, feministische Außenpolitik. Katar, Saudi-Arabien, all die Schariastaaten sind Freunde, mit denen man Geschäfte machen muss und kann und darf – die sind ja so gut im Vergleich zum despotischen Russland und diktatorischen China. Und in den USA, stelle ich mir vor, lacht man sich schlapp über ihre willige Helferin. Die gegen China zündelt, in Kasachstan Feuer legt, und was macht sie demnächst in Usbekistan? In Usbekistan wird sie wohl die wahre Demokratie feiern.

Sind doch alles Nato-Beitrittskandidaten.

So schafft man Konflikte.

Kriege.

Sieben Uhr. Ich stehe auf.

4. November 2022

Vorgestern, zum ersten Mal, spürte ich heftig, dass in meinem Körper ein garstiges Viech wütet. Schmerzen im Unterleib, ständiges Rennen aufs Klo.

Nachts trinke ich viel Wasser. Nicht unbedingt, weil ich es müsste, sondern zum Zeitvertreib. Ich stehe auf, gehe in die Küche, trinke langsam ein Glas Wasser, dann noch eins. Es ist eine Flucht vor dem Bett, dem Nicht-Schlafen und den quälenden Gedanken, die nicht zu stoppen sind.

Heute, zum ersten Mal seit dem »Alten Elch«, musste ich herzhaft lachen. Der Grund: eine Anzeige des Spiegel in der SZ. Man sieht einen Mann, der in einem zertrümmerten Zimmer steht, quer über das Bild in Versalien: WIR TUN SCHON GENUG FÜR DIE UKRAINE

SIEBEN

Königsbronn, 7. November 2022

Mein Körper kann sich nicht entscheiden: Durchfall? Verstopfung? Komme vom Klo, bin so erschöpft, dass ich das, was ich heute Vormittag machen will, draußen im Garten Bäume, Sträucher schneiden, so viel wie möglich winterfest machen, dass ich das jetzt nicht tun kann. Muss mich hinlegen, ausruhen. Bin erschlagen.

Ich habe vor einigen Tagen notiert, dass ich in diesem Tagebuch »zutiefst ehrlich« alles aufschreiben möchte.

Dass ich das wirklich schaffe, glaube ich jetzt kaum mehr. Schon Heine sagte es, auch Dostojewski war bewusst: Niemand ist wahrhaft ehrlich, wenn er von sich selbst spricht. Ich traue mich nicht, die düsteren Gedanken, die mich immer wieder und zunehmend heftiger befallen, etwa: Wie ist das mit diesem Krebs im Endstadium, den Schmerzen dann? – rücksichtslos offen aufzuschreiben. Ich glaube nicht, dass ich das schaffe. Da ist Angst in mir.

Auch die Blicke zurück in meine Kindheit, Jugend, erste Küsse, erste Liebe, die mich neulich nachts beschäftigten – was ist wirklich wahr an diesen Erinnerungen? Ich möchte ehrlich sein und schiebe vieles doch einfach so weg – vielleicht auch deswegen, weil ich fürchte, dass diese Grübelei bedeutet, dass ich mit meinem Leben abgeschlossen habe.

Oder ich mich dem Selbstmitleid hingebe. Oder in Pathos flüchte.

Gestern ein paar schöne Stunden. Da ich dieses Jahr das traditionelle Weihnachtsessen für meine Königsbronner Verwandtschaft wegen der Chemotherapie nicht machen werde, hatte ich sie für gestern, dem Sonntag, als eine Art Ersatzfest zum Essen eingeladen.

Stand schon morgens um sieben Uhr am Herd. Es hat Spaß gemacht, für meine Verwandten zu kochen, unter anderem eine zwei Kilo schwere Lachsforelle im Salzmantel. Das sah beim Servieren ziemlich spektakulär aus, dieses Salzbergwerk auf dem Tisch – und die Gespräche während des Essens: kaum etwas zu meiner Krankheit. Etwas über Politik (Krieg und dass wieder ein Bauer kapituliert hat, seinen Hof aufgibt; dass eine alteingesessene Handwerkerin im Ort klagt, dass, weil alle sparen, niemand mehr etwas bei ihr bestellt, sie nur noch darauf hofft, in die Frührente fliehen zu können), über den andauernden Landfraß auf der Ostalb (gestern das Schild gesehen, ein stummer Protest: »Hier werden wieder 20 ha Ackerland vernichtet«), im Ohr noch einen Satz von Ulrich, für mich der wichtigste Satz an diesem Sonntag: »Bei der Fußball-WM in Katar gucke ich mir kein einziges Spiel an. Das ist das Wenigste, was ich tun kann.«

8. November 2022

Heute vor 83 Jahren hat Georg Elser seinen Anschlag auf Hitler gemacht. Meine Mutter, eine sehr entfernte Verwandte von ihm, hat sich lange bemüht – bevor es zu einer Art wohlfeiler Mode wurde (da ja die Täter inzwischen verstorben waren) –, ihn zu rehabilitieren, gerade in seinem Heimatdorf Königsbronn. Sie hat in den 1980ern Leserbriefe geschrieben und wurde deswegen im Ort von einigen Mitbürgern heftig attackiert, verbal, auch mit Briefen: »Dich sollte man vertreiben!«

Meine Mutter. Eine einfache Frau. Die nicht auf die Oberschule durfte, weil ihr Vater nicht wollte, dass sie in den Bund Deutscher Mädel (BDM) der Nazis eintritt. Ihre BDM-Verweigerung führte dazu, dass sie in der Volksschule, während die anderen turnten oder Schulfeste feierten, allein im Klassenzimmer sitzen musste.

Später lernte meine Mutter Krankenschwester in Eßlingen. Von einer Königsbronnerin, meiner späteren Kindergartentante, wurde sie denunziert, dass sie kein BDM-Mitglied sei. Die Folge: Sie wurde – zur Hochzeit des Kriegs – als Krankenschwester entlassen und kam zurück nach Königsbronn.

Dort begegnet sie dem Ortsgruppenleiter, der begrüßt sie mit den Worten: »Heil Hitler!« Meine Mutter: »Grüß Gott.« Er: »Heil Hitler!« Meine Mutter: »Grüß Gott!« Er: »Heil Hitler!« Meine Mutter. »Grüß Gott!« Er spuckt sie an, faucht sie an: »Du bist eine Schande fürs Dorf!«

Es hat viele Jahre gedauert, bis ich gemeinsam mit meinem Kollegen Norbert Thomma die Geschichte von Georg Elser und Königsbronn erzählen konnte. Die Frau aus dem Dorf, die kurz in der Geschichte auftaucht und sich für ein Elserdenkmal mit einem klarsichtigen Spruch am Ort der dörflichen »Gefallenenverehrung« einsetzt, ist meine Mutter. Diese Reportage, die im März 1995 zuerst in der taz erschien (und auch im Ausland nachgedruckt wurde), half mit, die Sicht auf Elser endlich zu ändern:[1]

---

[1] Zuerst erschienen in : die tageszeitung, Freitag 31.03.1995, S. 12–13. Online abrufbar unter: https://taz.de/quotIch-sprenge-die-Regierung-inquot/!1514389/

»Ich sprenge die Regierung in die Luft«

»Ich benutzte dieses Word Held zum erstenmal, seit ich schreibe; denn wenn es unter den Deutschen im 20. Jahrhundert einen einzelnen gab, der ein Held war, dann dieser einsame Schwabe.«

(Ralf Hochhuth über Georg Elser, 1989)

Nur zwei Deutsche haben versucht, Adolf Hitler mit Gewalt aufzuhalten. Der eine, Oberst Graf Stauffenberg, ist das geehrte Symbol des Widerstands – er steht für deutsche Ehre. Der andere, **Georg Elser, ein schwäbischer Schreiner**, ist verdrängt, vergessen, verleumdet. Doch anders als Stauffenberg, der bis 1944 in der Wehrmacht Karriere machte, wollte Elser die Mordmaschinerie Hitlers frühzeitig stoppen – schon am 8. November 1939. **Arno Luik** und **Norbert Thomma** besuchten den Heimatort Elsers, 50 Jahre nach dessen Ermordung im KZ Dachau. Sie trafen viel Unwillen und Elsers Bruder, der sagt: »Man gönnt ihm seine Tat nicht, dem kleinen Bauernbuben.«

I. DER BRUDER

Mein Gott, es wird immer schlimmer, dieses Gefühl, das ihn aufregt, ihm keine Ruhe läßt und ihn ganz langsam auffrißt. Seinen Frieden, sagt der alte Mann, wird er erst *da unten* haben – in Itzelberg, auf dem Friedhof.

Gleich nach dem Krieg, da war es noch nicht so schlimm: Da hat er gehofft, daß die Mitmacher und Jasager sich schämen würden und daß der Georg nun geehrt wird, daß er ein Denkmal kriegt. *Ein schlichter Stein im Kirchhof, das hätte doch genügt.*

Auch schläft der alte Mann jetzt viel schlechter als früher. Er träumt zu schwer. Da sind

Sätze, die er nicht loskriegt. »Solange ich lebe, wird für deinen Bruder nichts gemacht, für diesen elenden Lump.« Das hat ein angesehener Königsbronner zu ihm gesagt, direkt nach der Hitlerzeit. Ein fanatisches Braunhemd war der gewesen, wie so viele andere, die nun wieder im Gemeinderat saßen und wieder obenauf waren – nur jetzt in Zivil.

Hätte er vielleicht zu denen gehen sollen, um für Georg etwas zu erbitten? Zum Bürgermeister Karl Burr, der auf einer nationalsozialistischen Eliteschule war? Der »ein begeisterter Soldat« war, wie sein Amtsnachfolger erzählt?

Der alte Mann sitzt da, etwas zusammengesunken in seinem altmodischen Sessel. Auch die Augen wollen nicht mehr so recht mit 82 Jahren, und wenn er über seinen Bruder redet, atmet er schwer. Da drüben, das Zimmer, in dem hat der Georg an seiner »Höllenmaschine« gebastelt. Erst gestern hat Leonhard Elser wieder, wie so oft in letzter Zeit, von Georg geträumt: *Da sitzt er dann vor mir, und ich sehe ihn so, wie er früher ausgesehen hat. Ich würde gern mit ihm reden, ihn ausfragen, was mit ihm los ist. Aber ich sag' nur zu ihm: »So, bist du auch wieder da? Wie geht's dir?« Aber der Georg sagt nichts.*

II. DANK AN GOTT

Der 9. November 1939 war ein schöner Tag, die Sonne schien, und der Führer war zufrieden – »die Vorsehung« hatte es gut mit ihm gemeint. In den Kirchen brausten die Orgeln und Gesänge stiegen auf; in den Schulen versammelten sich Lehrer und Schüler, ein Choral wurde angestimmt: »Nun danket alle Gott!« Die Oberen der Kirche sandten ein Telegramm nach Berlin, direkt an Adolf Hitler, den Reichskanzler: »Mit dem ganzen deutschen Volk dankt die Evangelische Kirche dem allmächtigen Gott für Ihre gnädige Bewachung vor dem verbrecherischen Anschlag in München. Sie betet zu ihm, daß er Sie auch fernerhin in seinen treuen Schutz nehme.«

III. DER ALTE SCHULTES

38 Jahre lang war Karl Burr in Königsbronn Bürgermeister, war er »der Schultes«, wie es auf der Schwäbischen Alb heißt. Eine stattliche Person, ein passionierter Jäger, und so schritt er auch früher gern durch seine Gemeinde: Im Lodenmantel, die Flinte leger über der Schulter, den Jagdhund an seiner Seite. Hinüber zum See, Wildenten schießen.

Der Schultes hat sich schon immer für Geschichte interessiert. Er hat mehr als ein halbes Dutzend Bücher geschrieben über Leben und Leute in seinem Dorf, hat akribisch alte Quellen studiert und die Bürger gebeten, ihm historische Fotos zu schicken. Und heute noch, wenn immer es etwas zu gedenken gibt, dann schreibt er Berichte für die lokale Presse.

An Georg Elser, der hier mehr als ein Vierteljahrhundert gewohnt hat, hier zur Schule ging und seine Lehre machte, hat der rührige Ortskundler all die Zeit in seinen Büchern nicht viele Worte verloren – genau sechs Sätze.

»Schämt sich der Bürgermeister von Königsbronn, daß der Hitler- Attentäter Georg Elser in der Gemeinde gelebt hat?« hieß es in einem Leserbrief der »Süddeutschen Zeitung« vor sechs Jahren: »Keine Straße, kein Platz sind hier nach ihm benannt.«

Der Schultes mag nicht darüber reden, das hat er noch nie gemocht. Einem Fernsehteam des SDR, das 1989 zum 50. Jahrestag des Anschlags in Elsers Heimatdorf kam, hat er jedes Gespräch verweigert: »Berichten Sie auch über die acht Toten und die 63 Verletzten?«

Und wenn man sich heute beim pensionierten Burr in dieser Sache meldet? »Warum«, knarzt es da unwirsch aus der Telefonmuschel, »rufen Sie denn mich an? Ich hab' nichts mitgekriegt, der hat mich nie interessiert. Ich hab' den doch gar nicht gekannt. Das ist doch gar kein Königsbronner! Beim Jahrestag '89, nein, nein, da ist bei uns nichts passiert. In Heidenheim, glaub' ich, da haben sie damals einen Film gezeigt, oder?«

IV. DER FILM

An den Film erinnert sich Leonhard Elser genau. Das war schon aufregend, er geht ja nicht oft aus, schon gar nicht ins Kino, in die Kreisstadt, nach Heidenheim. Und nun so etwas, sogar eine Welturaufführung. Stolz, nein, stolz war er nicht, aber so etwas wie Genugtuung empfand er – von nun an würden sie seinen Bruder respektieren müssen. Viel Prominenz war da, und mittendrin der Hauptdarsteller und Regisseur Klaus Maria Brandauer. Freundlich war der zu ihm und hat gesagt, daß er einen Bildhauer kennt, einen Künstler; und hat versprochen, daß er dafür sorgen wird, daß endlich etwas passiert in Königsbronn, ein Denkmal aufgestellt werde – das müsse doch sein! Seitdem hat der alte Mann nichts mehr gehört von dem Star: *Der hat Geld gemacht, und sonst war da nichts.*

V. NEUER WIND

»Ach, Sie rufen aus Berlin an? Dann kann es ja nur um den Elser gehen – was ist denn sonst bei uns interessant?«

Michael Stütz ist der neue Bürgermeister von Königsbronn. »Nein, kein Problem, kommen Sie vorbei, ich bin da ganz offen, ich hab' da keine Berührungsängste.«

Und dann sitzt der 33jährige da, im Büro mit seinen modernen schwarzen Stahlrohrmöbeln, mit der Palme im Eck, und wenn er aus dem schmucken Barock-Rathaus blickt, sieht er, wie der Schnee auf den kleinen Teich des Brenzursprungs fällt. Mit ihm kann man über alles reden. Ja, sagt er, die Sache mit Elser, die muß aus der Grauzone raus. Es hat ja zu viele negative Presseberichte gegeben in der Vergangenheit. Königsbronn muß Farbe bekennen. Aber man muß sich fragen, was hätte Elser sich gewünscht? Er war ja so bescheiden. Sicher, es sind Überlegungen da, irgendwas zu machen. Bloß, ein »Täfele« irgendwo hinzuhängen zur Erinnerung, davon hält er nichts. Ein Denkmal, ja mein Gott, was für ein bürokratischer Aufwand, da müsse man »zum Liegenschaftsamt und und und …« Und eine Straße nach Elser zu benennen? Das schafft doch bloß Ärger, da müssen sich die Leute neue Stempel und Briefköpfe machen lassen.

Außerdem, es ist ja etwas getan worden, gleich zu Beginn seiner Amtszeit. Und da reicht er das Protokoll von der Sitzung des Gemeinderats über den Tisch, mit Datum 8. 11. 1990. Vom Bürgermeister Stütz heißt es da: »Er spricht sich gegen einen Heldenstatus bzw. gegen ein Denkmal aus.« In der Jugendbücherei, steht da noch, soll eine Georg-Elser-Ecke »mit umfangreicher Literatur« eingerichtet werden und später eine Art Museum mit zwei Räumen. Vor fünf Jahren war das, nur: Über eine Konzeption des Museums, sagt Stütz, hat man bisher nicht nachgedacht. »Aber gehen Sie doch mal rüber in die Bücherei.«

VI. DIE GEORG-ELSER-ECKE

Ein schmales Regal, fünf Bretter, vier Bücher zu je fünf Exemplaren, eine Uhr, die der Schreiner Elser gebaut hat, und als Erinnerungsfoto die Aufnahme der Gestapo, die ihn nach Verhör und Folterung zeigt – alles ohne ein Wort der Erklärung: Das ist die Königsbronner Elser-Ecke in der Jugendbibliothek. Wer dieser Elser war und warum man sich für ihn interessieren soll, steht nirgends. Links hängen bunte Bilder von Dinosauriern, »Tiere in ihrem Lebensraum«, rechts davon stapeln sich Spiele: Flottenmanöver, Monopoly, Börsenspiel, Ponyhof.

»Das ist ja lächerlich, eine Alibisache«, sagen zwei Angestellte vom Rathaus, die zum ersten Mal im Leben hier sind. »Als wollte man den Elser verstecken.«

VII. ORT DER GESCHICHTE

Drüben im Klosterhof, ein paar Gehminuten entfernt, pflegt die Gemeinde sorgsam ihre Vergangenheit. Neben der Kirche, an der 500 Jahre alten Mauer der Zisterzienseranlage, in einem wuchtigen Bau, ist der Stolz des Ortes untergebracht: das Torbogenmuseum.

Beim Tritt durch die Tür grüßt am Ende des Flurs Karl Burr von der Höhe herab, majestätisch, in Öl, mit weißem Kinnbart. Darunter hängt an der Wand ein »Täfele« aus Messing, in das die Tatkraft des alten Schultes geprägt ist: »Gründer des Torbogenmuseums 1971. Gründer der Wildschützenabteilung 1982. Gründer des Landesfischereimuseums 1989.«

Es gibt eine Menge zu sehen. Räume voller Aquarien, urweltlicher Biotope, präparierter Wassertiere, Schaukästen mit glänzenden Blinkern, bunten Fliegen und als kleiner Höhepunkt: die kleine

Holztür in der Wand, die beim Öffnen automatisch einen versteinerten Mondfisch illuminiert.

Im oberen Stockwerk die Zimmer mit der Geschichte des örtlichen Hüttenwerks, traditionelle Uniformen der Bergleute. Daneben, mit viel Liebe zum Detail, die Abteilung der Wildschützen: Gewehre, Geweihe, Hirschfänger, Tierfallen aller Art, Reusen, Holzkäfige, ausgestopft stehen Wiesel, Dachs und Reh. Vierzig Fotografien von Gedenksteinen erschossener Forstleute sind aufgehängt, ihre Lebensgeschichte so wie die Todesumstände akribisch festgehalten.

Wer wollte, könnte sich auch die Schöllhorn- und Neubrandzimmer anschauen, in denen die Bilder der beiden Landschaftsmaler hängen, die sich zeitweise im Dorf aufhielten — geborene Königsbronner sind beide nicht.

Natürlich ließe sich in diesem Gebäude, in dem Geschichte festgehalten wird, auch an den Schreiner Georg Elser erinnern. Aber, gibt der junge Bürgermeister zu bedenken: »Dann müßte man ja irgend etwas wegräumen.« Womöglich einen raren Quastenflosser oder die Bilder vom Dellmensinger Altwasser.

VIII. DENKMALE

Einen Steinwurf von dieser Walhalla des Schultes Burr haben sie unter mächtigen Kastanien ein Ensemble des Gedenkens errichtet. Eine viereckige, gußeiserne Säule, auf der ein Reichsadler thront. Die Liste der Gefallenen aus dem Ersten Weltkrieg ehrt der Satz: »Treudeutsch bis in den Tod.« Auch der Verband der Heimkehrer hat hier 1954 einen Stein plaziert: »Gedenkt unserer Gefangenen.« Links davon steht eine Mauer aus rotem Sandstein mit den

Namen der Toten aus dem Hitlerkrieg – 198 Namen aus Königsbronn und zwei Teilgemeinden. 1500 Einwohner hatte der Ort 1939, als Georg Elser hier an seinem Apparat tüftelte, der Hitler und die gesamte NS-Führung töten sollte.

Davon spricht man nicht, sagt der Bruder Leonhard Elser und regt sich wieder auf, *spricht nicht von den 55 Millionen, die Hitler und die Nazis auf dem Gewissen haben. Der Georg hätte dieses Unglück verhindert, wenn es in München geklappt hätte.*

Aber immer reden sie von den acht Toten aus dem Bürgerbräukeller. Sie sagen immer, es hätte doch Unschuldige getroffen – fanatische Parteigänger waren das doch. Und der Kellnerin, der wäre nichts passiert, wenn Hitler nicht zu früh gegangen wäre – solange der geredet hat, hat man nicht bedienen dürfen.

Wissen Sie, was das richtige wäre? Ein Stein im Klosterhof, direkt bei den anderen Denkmälern. Eine Frau aus dem Dorf hat auch mal eine Inschrift vorgeschlagen: »Er wollte, daß diese Männer und all die Anderen nicht sterben.«

Das, sagt der alte Mann, den es beim Erzählen immer wieder zum Aufstehen drängt, *das würde mir gefallen.*

IX. DAS MOTIV

Tagelang wird Georg Elser nach seiner Verhaftung gequält, gefoltert, verhört. »Ich möchte wissen«, verlangte Hitler von Reinhard Heydrich, dem Chef der Sicherheitspolizei, »um was für einen Typ es sich bei diesem Elser handelt ... Im übrigen wenden Sie alle Mittel an, um diesen Verbrecher zum Reden zu bringen. Lassen Sie ihn hypnotisieren, geben Sie ihm Drogen; machen Sie Gebrauch von allem, was unsere heutige Wissenschaft in dieser Richtung

106

erprobt hat. Ich will wissen, wer dahintersteckt.«

Niemand steckte dahinter. Ein schlichter deutscher Arbeiter hatte in der nationalsozialistischen Besoffenheit einen klaren Kopf behalten. Die Gestapo notierte im Protokoll seiner Vernehmung folgende Aussage: »Die seit 1933 in der Arbeiterschaft von mir beobachtete Unzufriedenheit und der von mir seit Herbst 1938 vermutete unvermeidliche Krieg beschäftigten stets meine Gedankengänge.«

»Den Krieg vermeiden«, das wollte Georg Elser, »durch meine Tat noch größeres Blutvergießen verhindern.« Und einem Freund hat er anvertraut, daß er dazu nur noch eine Möglichkeit sieht: »Wir kriegen keine bessere Zeit mehr, haben keine bessere Zukunft vor uns, bevor nicht diese Regierung in die Luft gesprengt wird. Und ich sag' dir: Ich mach's, ich tu's.«

X. DIE IGNORANZ

Es gibt Tage im Leben von Leonhard Elser, an denen er schier verzweifelt, an denen er wütend und mit beiden Händen Zeitungen zerknüllt und in die Ecke wirft. Ein ruhiger Bürger ist er eigentlich, ein stiller und freundlicher Mensch. Aber wenn er wieder einmal lesen muß, wie sie den Grafen Stauffenberg und andere ehren, dann frißt sich der Schmerz in ihn rein, *diese Ungerechtigkeit.*

Nicht, daß er etwas gegen den Militär und dessen Tat hätte, nein. Nur, für den einen gibt es Straßen, Gedenkstätten und Feierstunden: *Was für Herren sich da immer versammeln, alle sind sie da. Aber der Graf hat doch elf Jahre lang für die Nazis gearbeitet, hat alles mitgemacht — wegen der Karriere.*

Sein Bruder, der war von Anfang an dagegen, und an noch etwas leidet der alte

Mann: *Andere heißen Wider-standskämpfer, aber Georg ist immer ›der Attentäter‹. Die wollen ihn runterputzen. Wenn er nur etwas gewesen wäre, der Sohn eines Pfarrers, das Kind eines Schuldirek-tors – dann würden sie auch ihn ehren. Aber man gönnt ihm seine Tat nicht, dem klei-nen Bauernbuben.*

Es kann gut sein, daß der alte Mann dabei an Artikel denkt, wie ihn etwa Rudolf Augstein vor zwei Jahren im »Spiegel« schrieb – als Anlaß natürlich der 20. Juli: »Elser war ein geschickter Einzel-gänger. Seine Motive können wir nur ahnen. Er bekam wäh-rend der Haft im KZ Sachsen-hausen eine Werkstatt, um Höllenmaschinen zu basteln. Kurz vor Ende des Kriegs wurde er umgebracht. Hin-gegen waren die Motive der Attentäter um Stauffenberg

eindeutig. Sie wollten den Dik-tator ausschalten, so oder so. Seine Kriegsführung schien ihnen verbrecherisch ...«

Kein Wort davon, daß Elser sechs Jahre in Einzelhaft und Todesangst verbrachte, weil er von den Nazis für einen Schauprozeß gegen London präpariert wurde. Kein Wort davon, daß ihn die Nazis zum Nachbau einer einzigen Höllenmaschine gezwungen hatten, damit er seine Allein-täterschaft beweist.

Und während Elsers of-fenkundige Motive aus dem Jahre 1938 für den Historiker Augstein so sehr im Dunkeln liegen, sahen die verehrten Offiziere, wie der Schriftstel-ler Rolf Hochhuth sarkastisch formuliert, erst dann klar, »als sie endlich begriffen, Hitler werde die Rote Armee auf ihre Rittergüter bringen«.

XI. DEUTSCHE KARRIEREN

Seltsam: Elser gilt als unpoli-tisch, als Mann ohne Ideolo-gie. Aber er war Mitglied im Rotfrontkämpferbund, hat immer KPD gewählt, war Mitglied in der Gewerkschaft, hat »Feindsender« gehört, hat den Hitler-Gruß verweigert, machte »Kleinaktionen gegen die Nazis«, wie ein Arbeitskollege 1947 in einem Leserbrief schrieb. Sagte im Gestapo-Verhör: »Ein Arbeiter muß euer Feind sein.«

Merkwürdig: In Schulbüchern wird Elser verschwiegen, auch in Standardwerken und speziellen Sachbüchern (Engelmann/Kühnl — »Widerstand im Südwesten«) — Fehlanzeige. Selbst die DDR-Literatur und antifaschistische Verlage wie Röderberg und Pahl-Rugenstein nehmen den Arbeiter nicht wahr.

Auffällig: Die Kreisbildstelle Heidenheim, die für rund 200 Schulen zuständig ist, verzeichnet großes Interesse an »Winnetou« und Kevin-Costner-Filmen, dagegen wurde Brandauers Elser-Film erst 28mal in vier Jahren angefordert.

Deutlich: An einer der schönsten Stellen Heidenheims, mitten in herrlicher Heidelandschaft, drum herum darf nicht gebaut werden, ein wuchtiges Denkmal für einen verehrten Sohn der Stadt: Generalfeldmarschall Rommel, der seinem Führer bis in den Tod treu ergeben war.

Befremdlich: Der Grenzbeamte Waldemar Zipperer, der Elser verhaftet, bekommt nicht nur eine Belohnung von den Nazis, sondern, als erfolgreicher Geschäftsmann nach dem Krieg, 1978 das Verdienstkreuz am Bande des Verdienstordens der Bundesrepublik Deutschland.

XII. GROSSE PLÄNE

Wer weiß, vielleicht passiert doch noch etwas in Königsbronn — weil es einem Lehrer langweilig war. Die Klasse von Friedemann Blum, 1991 war das, schrieb einen Aufsatz, da fing er an, Skizzen zu zeichnen: acht Stelen, zwei

Meter hoch, die Totenbretter symbolisieren, Jahreszahlen darauf, ein Medaillon mit Elsers Bild, alles angeordnet in einem quadratischen Feld. Mit dem Entwurf ging der Kunstlehrer zu Bürgermeister Stütz, »aber der hatte kein Interesse«. Blum hat weitergemacht, gezeichnet, sich mit Materialien beschäftigt. Bis für ihn »die Sache durchdacht, geistig gelöst« war.

Er ist Anfang des Jahres wieder aufs Rathaus gegangen, und Stütz hat die Pläne an sich genommen. Der Gemeinderat hat im Februar in nichtöffentlicher Sitzung kurz über den Tagesordnungspunkt »Elser-Denkmal« verhandelt. Bis zum 50. Todestag am 9. April wird das nichts werden, aber praktisch ist die Privatinitiative des Lehrers doch: Stütz hat jetzt etwas zum Vorzeigen, wenn Frager kommen – Skizzen in Klarsichthüllen. Und ein Azubi des Ortes hat den Auftrag bekommen, endlich das Elser- Archiv

»irgendwie zu sortieren« – eine Loseblattsammlung in zwei Hängeregistern.

Die Heidenheimer Buchhändlerin Gertrud Schädler hätte allen Grund, sauer zu sein. Seit sieben Jahren müht sie sich mit einem Dutzend anderer im »Elser-Arbeitskreis« um Würdigung des Antifaschisten – aus Königsbronn ist niemand dabei. Der 50. Jahrestag von Elsers Ermordung wäre am Ort spurlos vorbeigegangen – aber Schädler hat im Februar beim Bürgermeister angerufen. »Wir wollten nicht, daß die Gemeinde wieder ins Messer läuft. Wir wollen ihr eine Chance geben.« Und so wird am 9. April eine kleine Gedenkstunde in der Realschule stattfinden – organisiert von den Ortsfremden. Mit einer szenischen Lesung aus den Verhörprotokollen. Normalerweise dauert das 70 Minuten, aber für Königsbronn gibt es, wie es in der Ankündigung heißt, eine »reduzierte Fassung«.

Und das Denkmal? Das würde den Arbeitskreis freuen. Wenn man fragt, was die vorgesehene Inschrift *Georg Elser, Hermaringen 1903, Dachau 1945* soll – ob damit nicht die Geschichte dieses Mannes eher entsorgt als bewahrt wird? Da sagen Künstler und Bürgermeister ganz verblüfft: »Wieso? Den kennt doch jeder.«

XIII. STIMMEN IN KÖNIGSBRONN

»Der Elser«, bruddelt der Frisör, der die Pensionsgrenze hinter sich hat, »von dem schwätzen wir nicht. Der interessiert mich nicht. Der ist doch aus Schnaitheim. Und der hat doch unschuldige Leut' umgebracht mit seinem Gelump. Mir setzt man doch auch kein Denkmal – was hat denn der überhaupt geleistet?«

»Nein«, sagt hilfsbereit die Frau im »Backhäusle«, dem Gebäude, in dem Elser aufwuchs, »der hat hier nicht gewohnt, da müssen Sie in Schnaitheim fragen.«

»Was«, wundert sich die freundliche Chefin der Gaststätte ›Hecht‹, »hier drin soll der Elser regelmäßig mit dem Zitherklub gespielt haben? In Königsbronn hat der die ganze Zeit gelebt? Ich dachte immer, der ist aus Schnaitheim – dort steht doch so ein Gedenkstein.«

XIV. DAS FOTO DER GESTAPO

Es ist spät geworden, denn der alte Mann hat viel erzählt. Er hat den Keller gezeigt, wo in der Ecke die kleine Hobelbank steht – 1925 hat Georg sie für ihn gebaut, da war Leonhard zwölf Jahre alt. In Zeitungsausschnitten hat er geblättert, und ein Bild hat ihm immer wieder einen Stich versetzt.

Jedesmal, sagt er, *drucken sie dieses Verhörbild der Gestapo, nach den Folterungen,*

wo er so wild aussieht, unra-
siert und verquollen. Es gibt
doch auch andere Aufnahmen
von ihm. Aber auf dem sieht er
doch aus wie ein Verbrecher.
So kenne ich meinen Bruder
nicht. Das ist er nicht. Und
dieses Bild soll aufs geplante
Denkmal kommen? Dann
können sie es gleich bleiben-
lassen!

Hier, sagt der alte Mann
zum Abschied und reicht drei
Fotos, *die können Sie benut-*
zen. Aber passen Sie gut auf,
die dürfen nicht verlorenge-
hen. Das ist das einzige, was
ich vom Georg habe.

9. November 2022

Bin gerade die Treppe vom ersten Stock ins Erdgeschoss gegangen, sehr langsam, bedächtig. So mache ich das seit einiger Zeit. Früher, es ist noch gar nicht lange her, bin ich diese
Treppe rauf- und runtergerannt, unbeschwert, oft diese erste
Zeile von Martin Luthers Weihnachtslied fast unanhörbar singend: »Vom Himmel hoch, da komm ich her!«

Dieses Lied in Verbindung mit dieser Treppe hat sich in
meinen Kopf unauslöschlich eingefräst: An Heiligabend standen mein Bruder, meine Schwester und ich immer auf der
obersten Stufe der Treppe, festlich angezogen, und warteten
sehnsüchtig auf das Klingeln meiner Mutter, dass wir jetzt
endlich in das Weihnachtszimmer mit dem lamettaüberzo-
genen Christbaum kommen durften. »VomHimmelhoch«
singend, stiegen wir einigermaßen feierlich die Treppe runter,
im Grunde aber nur hoffend, dass diesmal die Weihnachts-
geschenke üppig ausfallen würden. Und dass es nicht bloß
wieder selbstgestrickte und gehäkelte Pullover, Strümpfe, so
unnötiges Zeugs eben geben würde.

Es ist in den 50ern, frühen 60ern des vergangenen Jahrhunderts noch immer Nachkriegszeit. An Weihnachten sind in vielen Häusern Kerzen in den Fenstern aufgestellt für die Vertriebenen, Verschollenen, Vermissten. Beim Metzger Vogel verlangen die Menschen fast gierig nach den besonders fetten Stücken vom Schwein. In meiner Erinnerung sehe ich nur hagere Menschen, Kriegerwitwen in ihren schwarzen Kleidern, ich sehe auch viele Krüppel, Verletzte, Verstümmelte, und in jedem Zugwaggon verlangt ein kleines Schildchen, diesen Platz für Kriegsversehrte freizumachen. Wenn das Wetter sich ändert, schreit mein Vater vor Schmerz auf: In seinem Rücken, irgendwo, wandert, was ich als Kind nie so richtig verstanden habe, ein Stück von einem Schrapnell.

Es sind diese alltäglichen Bilder und Erfahrungen, die mich für immer zu einem Anti-Militaristen gemacht haben.

Meine Mutter nimmt mich manchmal mit in die Stadt, also nach Heidenheim. Das ist ein Ereignis. Wir sind dann immer einen Tick zu fein angezogen, wir vom Land, wir vom Dorf. Manchmal sagt meine Mutter dann in der Stadt: »Guck, dieses Kaufhaus hier hieß vor dem Krieg: Frank und Klau. Dieses Geschäft hier: Wohlwert.« Und sie erzählte dann, es war nicht viel, von der »Reichskristallnacht«.

Eine meiner eindringlichsten Kindheitserinnerungen: Ich weiß nicht mehr, ob es im Winter 1961 oder 1962 war, es muss aber Winter gewesen sein, denn draußen war es dunkel. Es liegt Schnee, Nüsse auf dem Tisch, die nach und nach geknackt werden, meine Mutter liest uns aus dem Buch »Sternkinder« vor. Der Titel klingt nach Märchenbuch, nach Fröhlichkeit, doch die Sternkinder, von denen in diesem Buch erzählt wird, sind keine Märchenfiguren, sondern, wie es im Vorwort von

Erich Kästner heißt, »kleine holländische Mädchen und Jungen mit Hitlers Judenstern auf dem Schulkleid und der Spielschürze. Diese Sternkinder sind so wichtig wie das Tagebuch der Anne Frank. Die Erwachsenen und die Halbwüchsigen müssen es lesen. Da hilft keine Ausrede.«

13. November 2022

Die Autofahrt, vor der ich ziemlich Bammel hatte, von Königsbronn nach Hamburg, ging überraschend gut, hätte aber keinen Kilometer länger sein dürfen. Plötzlich waren Schmerzen da. Durchfall. Noch nie habe ich so intensiv gespürt, dass ich nicht mehr Herr in meinem Körper bin. Dass das garstige Viech in meinem Körper mit mir macht, was es will. Dass mein Gehirn machtlos ist gegen sein unheilvoll-quälendes Treiben. Dass ich hilflos dasitze, gekrümmt daliege.

ACHT

Hamburg, 14. November 2022

Sehr gut geschlafen, obwohl ich vor dem heutigen Tag ein wenig Schiss hatte, denn jetzt gleich gehe ich zur ersten Chemo.

Ich nehme ab, obwohl ich mich dagegen wehre, viel und auch fett esse. Mein Gesicht ist hager geworden, mit etwas eingefallenen Wangen – wie bei einem Marathonläufer. Du siehst gut aus, sagte neulich unsere Nachbarin. Wenn das stimmt – die schöne Hülle täuscht, in mir ist ja dieses garstig Viech, das an mir nagt, Tag und Nacht.

Bundeskanzler Olaf Scholz, höre ich gerade im Radio, ist mit großem Wirtschaftsgefolge in Vietnam. Es geht um neue Märkte, es geht gegen China, es geht um Ressourcen, die wegen des Russlandboykotts ausfallen. Für ihn (den ehedem leicht-marxistisch angehauchten Juso-Vize-Chef) wie für mich und viele andere war in den 6oern/7oern der Vietnamkrieg, der von den USA mit äußerster Brutalität (Napalm, Agent Orange, Bombenteppiche, zwei bis drei Millionen tote Vietnamesen) auch mit Unterstützung der damaligen Bundesregierung geführt wurde, *das* zutiefst erschütternde und politisierende Geschehen.

Macht nun Scholz endlich das, was sich gehört? Entschuldigt er sich, dass die BRD diesen völkerrechtswidrigen Angriffskrieg der USA diplomatisch unterstützte, US-Deserteuren das politische Asyl verweigerte, Antivietnam-Demonstranten kriminalisierte?

Entschuldigt er sich auch dafür, dass der westdeutsche Konzern Boehringer unter dessen damaligem Geschäftsführer Richard Weizsäcker (dem späteren Bundespräsidenten) an die US-Armee riesige Mengen von T-Säure verkaufte, wichtiger Bestandteil von »Agent Orange« – jenem fürchterlichen Gift, das große Teile des vietnamesischen Dschungels entlaubte, unzählige Menschen verseuchte, Hautgeschwüre, Leberschäden, Krebs verursachte, deformierte, schrecklich missgebildete Babys auf die Welt kommen ließ?

Nein. Scholz tut dies, ich kann es kaum glauben, als ich es im Radio höre: Er belehrt dieses kleine Land, Opfer eines Angriffskriegs, in dem noch heute täglich Menschen wegen explodierender US-Tretminen verletzt, verstümmelt werden oder umkommen, in dem noch heute Menschen an den Folgen des Napalm- oder Gifteinsatzes leiden, so: »Es handelt sich bei dem russischen Angriffskrieg um einen Bruch des Völkerrechts mit gefährlicher Präzedenzwirkung. Kleine Länder können nicht mehr sicher sein vor dem Verhalten ihrer größeren, mächtigeren Nachbarn.«

Fällt diesem Kanzler nicht auf, wie diese Belehrungen auf Vietnamesen, die nur dank der Sowjetunion überlebt haben, wirken müssen? Hat dieser Mann, ein wenig klischeehaft gefragt, ein Herz aus Stein?

15. November 2022

Die Chemo gestern dauerte gut sechs Stunden. Die junge Pflegerin stellte sich so vor: »Ich bin Schwester Judith.« Ich musste lachen, kein Pfleger hatte sich bisher als »Bruder Fritz« oder

»Bruder Karl« vorgestellt, und so sage ich: »Das klingt ein wenig altmodisch.« Nein, sagt sie, »das gefällt mir«, und für mich war diese Art der Begrüßung ein kleiner Wärmestrom. Ein weites Feld allerdings für die eifrigen Aktivist***Iinnen an der »Gender«-Kampffront.

Neben mir hing eine sehr junge Frau am Tropf. Dem Arzt erzählte sie von heftigen Problemen mit ihrer Chemo. Als ich gehen kann, sage ich zu ihr: »Ich wünsche Ihnen alles Gute!« Sie: »Ich Ihnen auch.«

Und dann weint sie.

Gestern war ein schöner Spätherbsttag, mal wieder viel zu warm, so um die 15 Grad. Als ich das Krankenhaus verlasse, friere ich plötzlich: Auf meinem Gesicht – den Wangen, der Nasenspitze, den Lippen – ist es, als ob kleiner, feiner, spitzer Eisregen draufprasseln würde, nach ein paar Metern habe ich ein Kribbeln in den Fingern, die immer kälter werden.

Nach einigen Stunden, Gott sei Dank, sind die Nebenwirkungen meiner ersten Chemositzung komplett verschwunden – bis auf dieses Phänomen: Wenn ich etwas aus dem Kühlschrank hole, den Gegenstand mit meinen Fingerspitzen berühre, dann zischen kalte, harte Eisspäne in sie hinein, und so ist es auch, wenn ich meine Hände in lauwarmes Wasser tauche, ich schreie dann fast auf.

In meinem Körper arbeiten offenbar starke Kräfte, »passen Sie auf«, hatte Schwester Judith beim Abschied gesagt, dass Ihre Kinder nicht mit Ihrem Urin in Berührung kommen … Kinder habe ich nicht.

Bei diesem Sechs-Stunden-am-Tropf-Hängen hatte ich viel Zeit zum Lesen, ich habe mir leichte Lektüre gesucht, erst ein verblüffend unterhaltsames, außergewöhnlich erwachsenes Kinderbuch: »Die Insel der Pferde« von Eilis Dillon. Es spielt Anfang des 20. Jahrhunderts an Irlands Westküste, und es gibt – so en passant – einen berührenden Einblick in eine verschwundene, eine harte Welt, eine wegsterbende Kultur, geprägt durch Armut und Religiosität – Themen und Stimmungen, die sich auch in Heinrich Bölls schwermütigem Irlandtagebuch finden.

Dann, bei der Zeitungslektüre, erfahre ich, dass »die Tennis-Legende Boris Becker« noch vor Weihnachten aus dem Gefängnis entlassen und »als freier Mann nach Deutschland abgeschoben werde«, um »Großbritanniens Haftanstalten zu entlasten«.

Vor vielen Jahren, Ende 1989, hatte ich ein langes und intensives Gespräch, es zog sich über eine Woche hin, mit Boris Becker geführt, das mein Leben verändert, mich journalistisch auf eine andere Umlaufbahn geschossen hat; ein Gespräch, das beim Erscheinen einen medialen Großaufschrei provozierte – in Deutschland, aber auch im Ausland. Unter anderem, weil der damals als deutscher Jungheld hemmungslos Gefeierte völlig Unerwartetes, überaus Ungehöriges von sich gab, zum Beispiel so etwas: Bundeswehr? Nein, danke. »Ich würde kein Gewehr in die Hand nehmen.« Hafenstraße? Mein Gott, diese zu RAF-Terroristen hochgejazzten Hausbesetzer in Hamburg »sind mir sympathischer als manche Menschen in meiner Umgebung«. Deutschland? »Dieses nationalistische Gerede habe ich satt.«

Das Gespräch endete so:
Herr Becker, Sportler, heißt es allenthalben, sind Vorbilder. Sind Sie eines?

118

Aus Sportlern werden Vorbilder gemacht. Ich könnte ein Buch darüber schreiben. Wenn du Olympia- oder Wimbledonsieger bist, hast du ein Vorbild zu sein für Kinder und Erwachsene, weil du ein Ziel erreicht hast, von dem so viele träumen. Sie sehen dich als Idol. Dass du das gar nicht willst, ist allen egal. Du wirst nicht danach gefragt, du bist es einfach. Nochmals: Wir leben im Jahr 1990, und es geht im Sport nur ums Geld. Das ist traurig, aber wahr. Das ist traurig, weil der Mensch in diesem Zirkus auf der Strecke bleibt.

Sie sind verbittert?

Nein, überhaupt nicht. Wir haben über die Werte in dieser Gesellschaft geredet, und ich habe gesagt, dass die Werte falsch sind: Geld und Ruhm machen nicht glücklich.

Definieren Sie mal: Wer ist Boris Becker?

Ein Mensch, der sehr früh extreme Situationen erfahren hat und der es gelernt oder geschafft hat, sie für sich als Vorteile zu nutzen. Ein Mensch, der im Augenblick noch ein bisschen Schwierigkeiten hat, wirklich Mensch zu sein, da er noch an viele Verpflichtungen gebunden ist, der aber glaubt, dass sie ihn in ein paar Jahren nicht mehr binden und er dann nur noch Mensch sein kann. Ohne Logo auf den Schuhen, ohne Logo auf der Kleidung – wirklich frei, absolut frei.

Ein paar Monate nach diesem Gespräch: Die Stadt brodelt wegen der Hafenstraße, Straßenbarrikaden, Demonstrationen, Bürgerkriegsszenen, die Hausbesetzer wehren sich gegen die angedrohte Räumung, ein jahrelanger heftiger Kampf, angespannte Aufregung allenthalben; beim Tennisturnier am Rothenbaum hingegen freudige Aufregung. Boris Becker hat gute Chancen, das Turnier erstmals zu gewinnen – was dann doch nicht klappt. Er steht auf dem Platz, plötzlich dringen Rufe von draußen vor der Tür stehenden Hafenstraßen-Sympathisanten ins Stadion: »Boris, komm zum Hafenrand, wir brauchen deine Vorderhand!«

Einige dieser Demonstranten hatten schon damals das, was Boris Becker jetzt auch hat: Knasterfahrung.

16. November 2022

Nachher bringe ich die kleine »Pumpe«, die ich nach der Chemositzung bekam, zurück in die Praxis. Es ist ein kleines Fläschchen, aus dem irgendwelche Stoffe (ich will gar nicht wissen, was) durch den Port in meinen Körper fließen, und das ich nun nach jeder Chemositzung zwei Tage/Nächte am Körper rumtragen muss. »Mein Opossum«, sagt Barbara jetzt zu mir. Nachteil des in der Wildnis lebenden Opossums: Es hat eine Lebenserwartung von nur zwei bis vier Jahren.

Sie sagt: »Du wirst das älteste Opossum der Welt.«

17. November 2022

Auf der ersten Seite der gestrigen Süddeutschen Zeitung: »Russische Raketen treffen Polen«. Die klare Botschaft: Angriff auf ein Nato-Land, Bündnisfall. Die Welt am Abgrund?

Schon bald ist klar, dass es nicht die Russen waren, die diese Rakete abgefeuert haben – aber das kommt medial am Tag danach eher verklausuliert, sehr verklemmt rüber.

Die heutige SZ: Schafft sie es, sich für ihre gefährliche Falschmeldung zu entschuldigen? Schafft sie das Selbstverständliche? Nein, aber sie schafft es, auf den drei üppigen Seiten, mit denen sie sich heute mit dieser Rakete beschäftigt, bei all den vielen Überschriften nie das Wort »Ukraine« in einer Überschrift zu benutzen. Beispielhaft dafür Titel und Vorspann ihrer Seite-3-Reportage zum Thema: »Blick in den Abgrund: Als in Polen eine Rakete russischer Bauart einschlägt, hält die Welt für einen Augenblick die Luft an. Ein Angriff? Ein Fehlschuss? Dann kommt von der Nato Entwarnung. Die Geschichte einer gefährlichen Eskalationsspirale.«

Auch beim Deutschlandfunk heute um 12 Uhr 10 in der Anmoderation zum Bericht über dieses hypergefährliche Ereignis heißt es nicht, dass die Rakete russischer Bauart von ukrainischen Kräften abgefeuert worden ist; der erste Wortbeitrag kommt vom ukrainischen Präsidenten Selenskyj, und der sagt dann, was er seit Stunden auf allen Kanälen weltweit sagt: »Die russische Aggression hat zu zwei toten Polen geführt.« Kaum ein Wort des Mitleids, des Bedauerns von seiner Seite, stattdessen Reinwaschung, Schuldzuweisung nach Russland. Die Forderung nach noch mehr Waffen. Kalte Kriegsagitation. Der Wunsch nach Eskalation.

Selenskyj, sein Außenminister Dmytro Kuleba und dessen Stellvertreter Andrij Melnyk – sie alle behaupten weiterhin ungerührt, es habe sich um einen gezielten russischen Angriff gehandelt. Selenskyj bleibt bei seiner Behauptung, es war einen Raketenangriff »auf die kollektive Sicherheit«, Kuleba verhöhnt Zweifelnde an dieser Version als »Verschwörungstheoretiker«.

Und Melnyk? Melnyk agiert so frech wie bisher als ukrainischer Botschafter in Berlin und fordert von der Nato-Allianz »sehr schmerzhafte Konsequenzen«. Ein Trio Infernale, das mit dem Dritten Weltkrieg jongliert.

Ein Gedanke, ein böser Gedanke, ein sehr böser Gedanke, den man vermutlich nicht denken darf: Kann es sein, dass diese ukrainische Rakete, die im Nato-Land Polen einschlug, kein »Fehlschuss« war? Sondern die bewusste Tat von ukrainischen regulären Truppen (oder: von zweifelhaften Söldnertruppen, unkontrollierbaren Militärverbänden), um damit die zeitgleich stattfindenden Diskussionen beim G20-Gipfel in Bali zur Verurteilung Russlands zu beeinflussen?

Ein Blick auf die Landkarte zeigt: Die ukrainische Rakete schlug im Osten Polens ein, westlich der Ukraine. Warum zischt eine ukrainische Rakete in diese West-Richtung? Soweit ich weiß, haben die Russen keine Raketen-Abschussbasen im Osten Polens. Sehr unwahrscheinlich also, dass von dort russische Raketen Richtung Ukraine fliegen.

Ganz böse gefragt: Könnte es sein, dass es in der Ukraine Kräfte gibt, die auf Teufel komm raus auf eine Entgrenzung des Krieges setzen, fanatische Kräfte, die unbedingt möchten, dass die Nato in diesen unheilvollen Krieg total hineingezogen wird?

Trübe Gedanken. Trübes Wetter.

Heute ist ein Tag, wie es im Spätherbst/Winter viel zu viele in Hamburg gibt: düster, trist, nieselig. Es wird heute nicht richtig hell werden. Eigentlich ist die Norddeutsche Tiefebene in diesen kommenden Wintermonaten für die menschliche Besiedlung nicht freigegeben. Die nächsten Wochen ohne wirkliche Helligkeit, wenig Sonne, werden mir, fürchte ich, ins Gemüt hauen.

18. November 2022

Mal wieder eine schlimme Nacht. Albträume: Ein Arzt sagt zu mir, wenn Sie bluten, nur ein wenig Blut verlieren, sterben Sie. Ein paar Minuten später platzt mir die Wange auf, Blut schießt heraus, und mit einem Angstschrei wache ich auf.

Es ist schon seltsam: Manchmal träume ich wunderschöne Dinge, richtig spannende Filme in Farbe, Surroundsound, wirklich tolle Unterhaltung, nur: Am Morgen danach kann ich mich an sie, das Schöne, nicht mehr erinnern. Nur an die schlimmen, fast unerträglichen Albträume.

Vor ein paar Tagen ist, 97-jährig, Wolf Schneider gestorben, der so unbarmherzige wie großartige Sprachkritiker, Gründer der Henri-Nannen-Schule – für ein gutes Jahrzehnt *die* Kaderschmiede des guten Journalismus.

Viele seiner Schüler und auch viele seiner Schülerinnen, auch Leute, die nie seine Schüler waren, es aber in ihren Nachrufen plötzlich wurden, lobten den Verstorbenen »als wortmächtigen Stilkritiker«, als »Kämpfer für gutes Deutsch«, als »Herr der Wörter«, priesen ihn als »Sprachpapst«, der »unermüdlich gegen sprachliche Schlampereien, Schludrigkeiten, Anglizismen« gekämpft habe.

Hunderte von Journalisten und Journalistinnen hat der so Gelobte ausgebildet – und was hat er erreicht bei seinen Schülern, die oft (auch noch heute) in Führungspositionen der führenden Medienhäuser sind? Wenig bis sehr wenig, wage ich zu behaupten, wenn ich die renommierten überregionalen Zeitungen lese, Funk und Fernsehen anhöre und anschaue; sein »Lebendiges Deutsch«, das ihm so wichtig war – verhunzt, wie er es wohl formulieren würde (nun alles seine Worte), durch »Schludereien, Marotten, Anglizismen, Blähungen, ausgeleierte Floskeln, abgewetzte Modewörter, Geschwätzigkeit, Bürokraten-Klischees«.

Ich weiß nicht, ob er, der ein »kriegerisches Verhältnis« (O-Ton Schneider) zur scheinbar unaufhaltsam um sich greifenden Gender-Sprache hatte, da sie zu einer »lächerlichen Verumständlichung« des Deutschen führe – ob er verbittert, enttäuscht gestorben ist? Er wird heftig gelitten haben, keine Frage, denn: Wie fast jeder Papst hatte Schneider einen Drang zum Fundamentalismus – vor allem bei der geschlechtergerechten Sprache. Da war es schon vor Jahrzehnten befremdlich, wie stur er seine Schüler und Schülerinnen in seinen Rundschreiben stets nur mit »Freunde« ansprach.

Gleichwohl: In seinem Standardwerk »Deutsch für Profis«, das sofort Zwangslektüre für viele Journalisten hierzulande werden müsste, findet sich dieses Zitat aus dem »Journalistischen Handbuch« der untergegangenen DDR: »Die Wortwahl wird parteilich vorgenommen.«

Gilt diese Parteilichkeit, also: Staatsaffinität, seit zu vielen Jahren nicht auch für den Journalismus des neuen Deutschlands, das aus DDR und BRD entstanden ist? Vor allem bei systemischen Fragen, etwa: Agenda 2010, Finanzkrise 2007/2008, Covid-Pandemie, Ukraine-Krieg, Aufrüstung der Bundeswehr. Hat sich da nicht längst ein abgehobener politisch-medialer Komplex gebildet – mit Akteuren, die sich gut finden, sich gegenseitig bestätigen? Eine, in meiner Sorge gehe ich nun vielleicht zu weit, demokratiegefährdende Komplizenschaft?

Es gibt, keine Frage, einen so großen wie verstörenden Eifer bei vielen Medienschaffenden, auch bei den medial eingesetzten stets gleichen Experten, die Positionen der Regierung, derzeit vor allem auch: der ukrainischen Regierung, möglichst rasch (und meist ungeprüft) zu übernehmen.

Schneider, eigentlich eher Typ konservativer Herrenreiter, gewiss kein linker Systemkritiker, konstatiert im ersten Kapitel seines Standardwerks: »Die gute Sache: für Journalisten ist dies, den Bürger zu informieren und den Mächtigen auf die Finger zu sehen. Die Mehrzahl der in Deutschland gedruckten und gesendeten Informationen erfüllt diesen Auftrag nicht. Millionen Bürger werden durch den Hochmut oder die Gleichgültigkeit einiger tausend Journalisten vom Gros jener Informationen *abgeschnitten*, die sie wahrlich brauchen könnten, um ein aufgeklärter Volkssouverän zu sein.«

19. November 2022

Barbara kommt gerade vom Einkaufen zurück. Sie schaut mich an, sagt: »Du hast traurige Augen.«

NEUN

23. November 2022

Gestern gab es fast zeitgleich zwei Einladungen für mich zu TV-Sendungen. Bild-TV meldete sich, um den »Bahnexperten Luik« zum »Schlamassel bei der Bahn« für den kommenden Sonntag einzuladen; kurz danach meldete sich STERN-TV, um den »Bahnexperten Luik« zum »Chaos bei der Bahn« für den kommenden Sonntag einzuladen. Beides sagte ich ab, einmal aus politischen, zum anderen aus gesundheitlichen Gründen.

Dass es bei der Bahn einen »Schlamassel« gibt und ein »Chaos«, das – endlich! – merken nun die TV-Leute in Berlin und Köln, weil jetzt ihre Bahnstrecken zwischen Hannover und Berlin und Köln gesperrt sind. Dass der chaotische Schlamassel schon seit zig Jahren (vor allem auf dem Land) auf viel zu vielen Strecken trauriger Normalfall ist, hat sie nicht groß berührt.

Das andere große Thema: Fußball. Posse um einen Fetzen Stoff. Bei der Fußball-WM in Katar knicken die Fußballverbände gegenüber der FIFA eilfertig ein, akzeptieren, dass ihre Kapitäne die Regenbogenbinde beziehungsweise eine Ersatzfarbenbinde mit dem Aufdruck »One Love« (was immer das bedeuten soll) nicht tragen, weil sonst »sportliche Konsequenzen« drohen.

Sehr putzig, dass der DFB, der reichste und mächtigste Fußballverband, vor einem vagen Verbot einknickt. Und die

Mannschaft als Geste des »Widerstands« vor dem Anpfiff die Hand vor den Mund hält. Ein Symbolbild, das passt: den Mund halten, wenn es darauf ankommt.

Ganz anders die Spieler aus dem Iran. Sie riskieren viel. In ihrem Heimatland gehen seit Wochen Menschen auf die Straßen, demonstrieren gegen das dortige Regime, viele werden bei den Protesten erschossen, noch viel mehr in Gefängnissen gefoltert – und ihre Nationalmannschaft, Hochachtung, verweigert deswegen die Hymne. Ihr Kapitän sagt: »Nur weil wir hier sind, heißt das nicht, dass wir nicht bei ihnen sind.«

Und die deutschen Spieler – sie barmen. Besonders peinlich Thomas Müller, der erklärt, von Sportlern dürfe man nicht erwarten, dass sie die sportlichen Träume, für die sie ihr Leben lang gearbeitet hätten, aufgeben. Sagt Müller, der gern als der Vorzeigedenker der Mannschaft präsentiert wird. Der an vier WMs und drei Europameisterschaften teilgenommen hat – sein Traum dürfte doch mehr als übererfüllt sein.

Tja, diese Staatsbürger in kurzen Hosen. Tapferkeit – wenn sie von oben erwünscht ist. Symbolische Gesten – wenn sie ins Marketingkonzept passen. Westliche Werte – wenn es ums Geld geht: Kokolores.

Kaum erträgliche Heuchelei: Deutschland spielt gemeinhin sehr gerne problem- und gewissenlos gegen Länder, die Regimegegner zerstückeln, Mädchen grausam behandeln und Volksgruppen in Konzentrationslager sperren, das konstatiert sogar die FAZ.

Vielleicht hat ja die Mannschaft ganz tapfer Unterhosen in den verbotenen Regenbogenfarben getragen?

Die Heuchelei »der Mannschaft« hat ihre Entsprechung in der Realpolitik (siehe nicht nur Habecks Bückling vor Scharia-Potentaten; siehe nicht nur den gerade zu Ende gegangenen Umweltgipfel im Folterstaat Ägypten, bei dem Außenministerin Baerbock, die ja so stolz auf ihre »wertegeleitete Außenpolitik« ist, kein Wort für die Gemarterten in ägyptischen Gefängnissen fand), sie findet ihre kongeniale Entsprechung auch in den Leitmedien. Die haben zahlreiche Reporter (die SZ etwa ist mit acht (!) Schreibern angetreten) nach Katar geschickt, die so wie immer in den kommenden vier Wochen ihre Sportberichte abliefern werden (geniale Flanken von rechts nach links analysieren, die mächtige Pranke Neuers bewundern), vielleicht einen Ton nachdenklicher, eventuell etwas zurückhaltender – ansonsten aber ihre wichtige Rolle in diesem ekligen Spiel um Geld, Profit, Kommerz, Verhöhnung der Menschenrechte ganz brav erfüllen.

Gerechtigkeit: Die hasenfüßige deutsche Mannschaft verliert gegen den krassen Außenseiter Japan 1:2.

Ich sitze im Wohnzimmer, starre zum Fenster raus. Einsamkeit ist um mich, nimmt mir die Luft. Ich lege mich auf die Couch; noch vor ein paar Monaten konnte ich das nicht, nicht tagsüber, eine Minute Rumliegen kam mir wie eine Ewigkeit vor, unerträglich, aber jetzt kann ich mich da hinlegen, stundenlang, mit wirren Gedanken im Kopf oder auch nicht, mit sinnlosen Erinnerungsfetzen oder auch nicht; manchmal schalte ich sogar das Rentnerfernsehen ein, »Kaffee oder Tee« (SWR), »Wir in Bayern« (BR), bewundere EvelinJensHeike-DominikSandraMichaelAndreaMartin, die tagaustageinjahrausjahrein immer übergutgelauntlächelnd ziemlichen Unsinn wegmoderieren. Wie halten die das aus? Und wenn man die mal zum Essen einladen würde: Können die mit einem reden, ohne zu lachen? Lächeln, grinsen die noch, wenn sie Suppe löffeln? Es macht Spaß, über so etwas nachzudenken, weil es nicht anstrengt.

Und nun noch ein Gedanke zu diesem »One-Love«-Stofffetzen: Er sollte ja irgendwie (ja: irgendwie) Mitmenschlichkeit symbolisieren, Menschenrechte, für westliche Werte stehen. Regt euch nicht zu sehr auf über dieses Verbot! Denn, Frage: Wie wäre es, wenn die katarischen Spieler mit dem Symbol des »IS« aufliefen, die brasilianischen Spieler mit Zeichen der evangelikalen Fundamentalisten in ihrem Land? Der Aufschrei wäre riesengroß. Fußball, hieße es, dürfe sich nicht von der Politik instrumentalisieren lassen. Es gehe nur um Sport, nicht um Politik – die habe in den Stadien nichts verloren.

Noch etwas zur allgemeinen Heuchelei: Warum, könnte man mal fragen, kamen all die Arbeiter, von denen so viele beim Bau der Stadien starben, aus Bangladesch nach Katar? Kamen sie, weil sie bei sich zu Hause kaum etwas verdienen? Und warum verdienen sie da so wenig? Hat das vielleicht auch etwas damit zu tun, dass *wir* in Deutschland allem Fair-Trade-Gerede zum Trotz T-Shirts aus Bangladesch für fünf Euro kaufen wollen? Dass dies das wahre Menschenrecht ist, das wir verteidigen – billige T-Shirts?

24. November 2022

Meine Haare werden dünner. Es gibt Schlimmeres.

25. November 2022

Gestern ist im Iran der Fußball-Nationalspieler Vouria Ghafouri verhaftet worden, wohl der beste Außenverteidiger des Landes. Er ist Kurde – und damit fast zwangsläufig Regimekritiker. In Katar darf er nicht spielen, weil er sich für die Rechte von Frauen und Kurden eingesetzt hat. Wie wäre es, wenn aus Protest gegen diese Verhaftung, die auch die iranische Nationalelf einschüchtern soll, alle Mannschaften bis zum Ende des Turniers bei ihren Hymnen tonlos blieben?

26. November 2022

Gestern auf dem Markt fand ich dies: einen Krebs, vulgo: Hummer. Ich nahm ihn, krabbel, krabbel, mit nach Hause. Abends dann Galadiner – so, wie es die Homöopathen wollen: Bekämpfe Gleiches mit Gleichem. Den Krebs mit Krebs.

Und sonst?

Ich vermeide immer mehr die Nachrichten, egal ob die Leitmedien sie verbreiten oder Medien der Gegenöffentlichkeit. Kenntnis von Zuständen, an denen ich nichts ändern kann, die ich erdulden muss, Aktionen und Taten von Personen, Akteuren, die aus meiner Sicht unbedarft, gesteuert von fragwürdigen, fast undurchsichtigen Interessen agieren, belasten mich fühlbar negativ. Dieser Zustand, obwohl ich mich dagegen wehre, manchmal immer noch mit Kommentaren, Anmerkungen (auch in diesem Tagebuch), dauert schon länger. Ich verstehe erstmals den Rückzug vieler Intellektueller ins Private im Dritten Reich, also im Faschismus. Ich verstehe nun auch, Entschuldigung für diesen Gedanken, wie LTI, laut Victor Klemperer die raffinierte Propagandasprache der Nazis, nach und nach das Denken so vieler Deutscher besetzen konnte.

Vorgestern, was soll man dazu noch sagen? Da blockieren ein paar Klimaaktivisten der »Letzten Generation« für kurze

Zeit – und anders als allüberall berichtet: weitab von rollenden und landenden Flugzeugen – den Berliner Flughafen, eine symbolische Aktion, gewaltfrei. Nicht mal tausend Reisende sind für einige Minuten von dieser Aktion betroffen, also diese Aktion ist nicht mal ein Nadelstichlein gegen jenen Verkehr, der dem Klima nachhaltig schadet. Gleichwohl: kollektiver Wutaufschrei des politischen Establishments: »Sperrt diese Klima-Kriminellen einfach weg!«, fordert Andreas Scheuer, Ex-Verkehrsminister. Jener wahrhaft, Verzeihung, bescheuerte Scheuer, der sich einst mit großer Energie einen Doktortitel erschwindeln wollte, Millionen, vielleicht sogar Milliarden Steuergelder als Minister in dubiosen Aktionen verschleudert hat.

Für einen CDU-Abgeordneten sind die um das Klima besorgten Jugendlichen »eine kriminelle Vereinigung«, für den CSU-Mann Alexander Dobrindt eine »Klima-RAF«; für eine twitternde CDU-Landesministerin sind sie »Vollpf …«; der regierende FDP-Justizminister ruft nach »der vollen Härte des Gesetzes«.

Und CDU-Chef Friedrich Merz? Auch der kriegt sich nicht mehr ein, hetzt gegen die »kriminellen Verbrecher«, die »blanken Vandalismus« begingen. Hat Merz jemals Brandanschläge auf Flüchtlingsheime so heftig gegeißelt?

In Bayern, also im Rechtsstaat Deutschland, sitzen seit Wochen 19 junge Menschen (darunter eine zweifache Mutter) im Gefängnis, in Präventivhaft. Ihr Vergehen: Sie haben sich auf Straßen festgeklebt, sie wollten sich möglicherweise wieder festkleben, um auf die Klimakatastrophe hinzuweisen. Sie, anders als die Millionäre des DFB, haben sie sich für ihre Werte – de facto: für uns alle! – in einem Akt zivilen Ungehorsams mutig eingesetzt; für Werte übrigens, die nahezu alle Politiker in ihren Sonntagspredigten hochhalten.

Doch wegen dieser kleinen Störung des Verkehrsflusses schlägt die bayerische Justiz mit Härte zu. Die bayerische Polizei darf, ohne dass ein konkreter Tatverdacht (geschweige denn: eine Tat) vorliegt, zur »Gefahrenabwehr« eine solche Haft anordnen – ohne Gerichtsanhörung ist ein Wegschluss bis zu 60 Tagen möglich, Anwälte werden nicht zugelassen. 2018 hat die CSU dieses Polizeiaufgabengesetz (PAG) durch das Parlament gejagt; es ist das härteste seit 1945. Davor hieß die Präventivhaft: Schutzhaft.

Aus Frust, Wut, Resignation, Ärger, Verzweiflung über diesen herrschenden Wahnsinn habe ich, wissend, dass es eine sinnlose Geste ist, diesen etwas pathetischen Solidaritätsaufruf für die »Letzte Generation« unterschrieben:

Die Klimakatastrophe liegt nicht in der Zukunft. Sie hat längst begonnen. Sie tötet durch Überschwemmungen in Pakistan, durch Hunger in Ostafrika und durch Hitzewellen in Europa. Sie tötet massenhaft, weltweit. Und diejenigen, die zu dieser Krise am wenigsten beigetragen haben, zahlen den höchsten Preis.

Die Wissenschaft ist sich einig: Mit den derzeit geplanten Maßnahmen ist der Kollaps nicht abzuwenden. Das Zeitfenster, um noch etwas daran zu ändern, schließt sich in wenigen Jahren.

Deutschland ist, historisch gesehen, der viertgrößte Emittent von Klimaschadstoffen. Der Wohlstand, in dem wir leben, basiert auf diesen Emissionen. Und was tut die Regierung? Sie drängt auf Erschließung neuer Gasfelder, lässt in Rekordzeit LNG-Terminals bauen, diskutiert über Fracking und gewährt Tankrabatt – wohlwissend, dass eine auf fossilen Energien beruhende Wachstums-

ökonomie mit Klimaschutz unvereinbar ist. *Keines der deutschen Klimaziele wird so erreicht werden.*

Seit Wochen stemmt sich die »Letzte Generation« mit Straßenblockaden und anderen Aktionen gegen das kollektive Versagen. Die Reaktion in weiten Teilen der deutschen Öffentlichkeit: *Hohn, Hetze und Diffamierung der Proteste.*

Man sagt, die »Letzte Generation« sei extremistisch. Aber was ist extremer als eine Gesellschaft, die nicht aufhört, ihre eigene Zukunft und die Lebensmöglichkeiten kommender Generationen zu zerstören? Was ist rücksichtsloser als eine Bundesregierung, die sich weigert, einfachste Klimaschutz-Maßnahmen wie ein Tempolimit durchzusetzen?

Man sagt, die »Letzte Generation« wolle das Richtige, aber die Methoden seien falsch. Aber was erzeugt mehr Druck und belebt den Klima-Diskurs intensiver als die entschlossene Störung des nach wie vor fossil geprägten Alltags? Demonstrationen haben keine Wende gebracht. Und es steht außer Frage, dass dringend gehandelt werden muss.

Die »Letzte Generation« setzt sich für das Überleben aller ein. Sie adressiert ihren Protest bewusst an das Macht-Zentrum der Entscheidungen, die Bundesregierung. Sie fordert die Funktionsträger im demokratischen System zum Handeln auf. Ihr gewaltfreier, ziviler Widerstand ist legitim, er ist grundgesetzlich durch die Pflicht zur Erhaltung der natürlichen Lebensgrundlagen gedeckt und hat in der Geschichte viele Vorbilder – von den Suffragetten über Gandhi bis Martin Luther King.

Wir als Künstler*innen sind traditionell stolz darauf, Haltung zu zeigen, politisch zu sein. Wir wenden uns gegen das Primat des Ökonomischen und gegen Menschenfeindlichkeit. Das sind die Maßstäbe, an denen wir uns in dieser entscheidenden Phase der Menschheitsgeschichte messen lassen müssen. Der drohende

Kollaps gefährdet nicht zuletzt unsere Demokratie und damit die freiheitliche Gesellschaftsordnung, die wir als Künstler*innen für unsere Arbeit brauchen.

Wir erklären uns solidarisch mit den Klimagerechtigkeits-bewegungen weltweit, zu denen die »Letzte Generation« zählt. Wir glauben, dass eine demokratische Gesellschaft angesichts der drohenden Zukunft auch massive gewaltfreie Störaktionen ertragen muss. Wir zollen dem Mut, mit dem die Aktivist*innen der »Letzten Generation« Hass, Gewalt und Bestrafung in Kauf nehmen, unseren Respekt. Handeln ist das Gebot der Stunde.

Wir sagen: Ziviler gewaltfreier Widerstand gegen die Klimanotlage ist legitim und notwendig und verdient unsere solidarische Unterstützung.

27. November 2022

Halb vier. Warum hat mich der Krebs so früh erwischt? Bin doch erst 67 Jahre alt. Werde ich meinen nächsten Geburtstag noch erleben? Den übernächsten?

Fünf Uhr. Frank Zappa, so jung an Krebs gestorben, »the bigger the cushion, the better the pushin'« – meine plötzliche Erinnerung an ihn. George Harrison, der schönste Beatle, auch so jung an Krebs gestorben, von ihm bleibt für mich, abgesehen von seinem Sitarspiel bei »Lucy in the Sky with Diamonds«, dass er 1985 die irre, anarchisch-wunderbare Komödie/Farce »Wasser« finanziert hat, die leider viel zu wenig Zuschauer fand, eine filmische Irgendwie-Genial-Verarbeitung der US-Invasion von Grenada, auch des Falklandkriegs, eine herzbefreiende Verhöhnung des Kolonialismus, der Gier im Allgemeinen – mit dieser grandiosen Schlussszene in der UNO-Vollversammlung, in der unter anderen Ray Cooper,

Ringo Starr, Eric Clapton, Jon Lord, George Harrison auftreten und einen Friedensreggae singen. Man müsste, so ein Spontangedanke jetzt, diesen Film den heutigen Regenten vorführen (alle zusammen auf Tuchfühlung im dunklen Kinosaal), damit sie ihre letztendliche Lächerlichkeit vor der Geschichte erkennen: Putin. Selenskyj. Biden. Scholz. Baerbock. Lukaschenko. Habeck. Melnyk. Sunak. Macron. Klitschkos – und wie sie so alle heißen …

… muss aufstehen, ich sah an alles Tun, das ist nun von Prediger Salomon, »ich sah an alles Tun, das unter der Sonne geschieht, und siehe, es war alles eitel und Haschen nach Wind«; ich finde keine Ruhe, räume Zeitungen weg von gestern mit ihren Schlagzeilen von gestern. Hans Magnus Enzensberger gestorben, sein Stück »Verhör von Havanna«, seine Verteidigung der kubanischen Revolution war für mich mal wichtig, seine »Kursbücher« jahrelang, Monat für Monat sehnsüchtig erwartet, aber er war mir nicht so wichtig wie sein Bruder Ulrich, der viel politischere, der radikalere von beiden; für mich wurde HME zum angepassten Staatsdenker mit Gedichten, die mich langweilten. Ich verzeihe ihm auch nicht seinen Spiegel-Essay über den Irak von vor gut 40 Jahren, »Saddam ist Hitler«.

Nicht, dass ich Saddam Hussein verteidigen will, er war ein Schlächter, ein Despot, aber mit diesem Hitler-Vergleich, einem intellektuellen Epochenbruch, einem Verrat an der Vernunft, hat Hans Magnus Enzensberger Schleusen geöffnet, die auch zur jetzigen Militarisierung beigetragen haben, zur Schwächung antimilitaristischen Denkens. Übertreibe ich? Aber wenn ein Top-Intellektueller einen – zugegeben: üblen – Regenten zum Hitler macht, dann ist jedes Mittel gegen ihn recht, natürlich auch Krieg. Den es ja auch dank Bush sr. in

135

aller Brutalität gegeben hat, Auftakt jener Abfolge von Anti-terrorkriegen, die Terroristen, Taliban schufen – unter denen die Welt noch heute leidet.

Enzensberger tot, wann stirbt Walser? Darf man das denken? Vor Jahren schon sagte Walser zu mir, Altern ist grausam, jeder Tag eine Schlacht, die man jeden Abend verliert. »Bua«, sagte er zu mir in seinem schwäbisch-alemannischen Dialekt, ich war damals schon über 50, »da kaasch du no ieberhaupt ed mitschwätza, wart's ab«.

Ein »Albtraum soll enden«, erzählt mir jetzt die Süddeutsche Zeitung von gestern: »Das Bürgergeld kommt. Für die SPD ist das System Hartz IV, das so viel Sympathien gekostet hat, damit Geschichte«, so schreibt die SZ im Vorspann ihres Auf-machers.

Hartz IV: Geschichte? Glauben die das wirklich bei der SZ? Dass 50 Euro mehr im Monat das System Hartz IV beenden? Ist doch eine neue Verhöhnung von Millionen Menschen.

Diese »Nachbesserung« (SPD-Sprech) bleibt Armut durch Gesetz. Von wegen »Menschenwürde«, die dieses Gesetz laut Bundesverfassungsgericht garantieren soll. »Würde« – wenn man 17,14 Euro monatlich für Seife, Shampoo, Rasierer, Ra-sierschaum, Tampons, Toilettenpapier zur Verfügung hat? »Würde« – wenn man sich neue Unterhosen dank dieser kalten staatlichen Abspeisung nicht leisten kann?

Würde? Der Hartz-IV-Satz ist in diesem Jahr nicht erhöht worden, obwohl die Kosten für Lebensmittel, Heizung, Strom explodiert sind. Einmalig gab es im Coronajahr 2020 für die Ärmsten der Gesellschaft 150 Euro extra, ein Jahr danach 200 Euro – ein Hohn angesichts der Mehrkosten, die durch die Coronapandemie auf die Familien zukamen.

Dieses pathetische Menschenwürdegerede, so unerträglich gerne vorgetragen von den Regierenden, was ist das wert angesichts der kümmerlichen Hartz-IV-Regelsätze? Angesichts der Corona-Sonderboni für die bestens bestallten Richter und Richterinnen etwa in Baden-Württemberg? Die erhielten 1300 Euro »zur Abmilderung der zusätzlichen Belastung in der Corona-Krise«, wie es im »Gesetz über eine einmalige Corona-Sonderzahlung an Besoldungsempfängerinnen und -empfänger Baden-Württembergs« hieß.

Warum geht mir so etwas im Kopf rum? Eigentlich ist das alles jetzt so weit weg von mir. Will ich mit diesem Wortwall, den ich gerade um mich aufgebaut habe, ablenken von dem, was in meinem Inneren los ist? Diesem Viech, von dem ich nicht weiß, was es mit mir noch alles anstellt? Dieser Ungewissheit? Wohin mit meiner Angst?

Ein Trost: Es kommt immer anders, als man denkt. Ist es ein Trost?

Ich habe nie oft in den Spiegel geschaut, jetzt mache ich es gar nicht mehr. Will ich nicht sehen, was da widergespiegelt wird? Mein wahrer Zustand? Der traurige Blick? Die zunehmenden Sorgenfalten?

Große, unsinnige, pathetische Fragen, die ständig in mir sind, aber ohne Antwort bleiben müssen: Was ist der Mensch? Was bin ich? Nichts weiß ich.

Ich sitze da, blättere weiter in den Zeitungen, lustlos, und ich mache es doch: »Grüne ermahnen Letzte Generation«, lese ich auch noch, haha, wenn Menschen nicht in Urlaub fliegen könnten, sei das nicht akzeptabel, wird der Grünen-Chef Omid Nouripour zitiert, wegwegwegwegweg mit dem Quatsch.

Sechs Uhr, draußen ist es noch dunkel, Schnee droht in Kiew, Millionen Ukrainer ohne Strom und Wärme, Selenskyj zankt sich mit Klitschko; gewinnt heute Abend Deutschland gegen Spanien?

Mir alles egal, mir fährt's im Magen rum, ich bin unruhig, tapere durch die Wohnung, plötzlich fange ich an, Mails in meinem Computer zu löschen, stoppe bei meinem STERN-Abschiedsbrief:

Liebe Kollegen und Kolleginnen,
Ende Mai endet mein »Angestelltenverhältnis« beim STERN, und ich will mich heute von Euch verabschieden. Manche werden mich gar nicht persönlich kennen, andere haben mich vielleicht schon vergessen – mein letzter Artikel im STERN erschien im August 2018 und hieß: »Man muss auch mal ballern!«, ein Streitgespräch mit dem unsäglichen Thilo Sarrazin; mein erster Artikel erschien im Juni 2000, ein Gespräch mit Dieter Baumann, Olympiasieger unter Dopingverdacht: »Herr Baumann, sind Sie eigentlich schizophren?«

Zwei Jahrzehnte STERN – und der STERN von heute ist nicht mehr jener STERN von gestern. Wandel muss sein, Veränderungen müssen sein, aber muss jeder Wandel so sein, wie er ist? Bedeuten scheinbar alternativlose Veränderungen zwangsläufig Verbesserungen? Ich habe da meine Zweifel.

Ich hatte das Glück, die Gnade der frühen Geburt, noch das goldene Zeitalter des Journalismus erleben zu dürfen, die Chance, sich wirklich auf ein Thema, eine Person einzulassen – die Alten von Euch wissen vielleicht, was ich meine; und erlebte dann das mähliche Abgleiten in, ja, was?, das blecherne Zeitalter? Diesen bedrückenden Bedeutungsschwund des (Print-)Journalismus, die zunehmende Verunsicherung, die ökonomischen Beschränkungen.

Den Verlust von Unbekümmertheit. Vielleicht auch den Verlust von Stolz auf das eigene Handwerk. Und ich denke, dass Leserinnen und Leser das bemerken.

Ich war glücklich beim STERN (vor allem in den Anfangsjahren, da war Ungestümes möglich). Ich durfte so viel erleben, so viele Menschen treffen, manchmal auch Skurriles erleben. Etwa mit Wolfgang Grupp, ja, der mit dem Affen in der Werbung, der mich beim Interview 15 Minuten nonstop anbrüllte, während hinter ihm sein Diener stand und mit weißen Handschuhen das Mittagessen servierte. Etwa mit Bahnchef Mehdorn, der mir im Berliner Bahn-Tower an die Gurgel ging mit den Worten: »Ich würde Sie ja gerne hauen. Aber Schläge bringen nichts, Sie bleiben ja doch bei Ihrer Meinung.« Etwa mit Martin Walser, der sich neun Stunden weintrinkend mit mir zankte, dann das Gespräch nicht freigab, stattdessen im SPIEGEL ein fiktives Interview mit mir veröffentlichte – ein Essay, der aussieht wie ein Interview, aber ein Selbstgespräch über das Leiden an der Öffentlichkeit ist: »Streicheln und Kratzen«. Oder mit einem Winzer, der mir sein renommiertes Weingut unbedingt vererben wollte: »Ich verstehe mich mit meiner Familie nicht! Ich hasse sie alle!! Greifen Sie zu!!!«

Wofür ich dankbar bin: Dass ich im STERN nicht nur die im Rampenlicht Stehenden präsentieren konnte, die sogenannten Stars, die Erfolgsmenschen, die Karrieristen, sondern auch jene, die im Schatten fast unsichtbar sind. Das hat mich wahnsinnig gefreut.

Bei vielen meiner Geschichten war ich unterwegs mit Volker Hinz, der leider viel zu früh verstorben ist – und der so bewunderungswürdig fotografierte. Er war ein Kumpel. Und, Entschuldigung für das Klischee nun, es muss aber sein: Volker war immer auf der Jagd nach dem perfekten Bild. Dafür rieb er sich auf.

Ich war unglücklich beim STERN: Nicht unbedingt, weil ich manche Geschichten, die mir wichtig waren, nicht machen durfte, sondern weil so viel mehr möglich gewesen wäre, wäre da nicht so oft diese Zurückhaltung, diese Vorsicht, auch Ängstlichkeit gewesen (die gar nicht zu diesem ursprünglich so selbstbewussten Haus passte); so viel Kraft musste man in den letzten paar Jahren verschwenden für Unnötiges – Misstrauen und Missmut überwinden, sich mit einer wuchernden Bürokratie abmühen. Manchmal hatte ich das Gefühl: Ich will doch das Gute, aber unterstellt wird einem das Gegenteil. Beispielhaft dafür die Aufregungen um meinen Besuch beim griechischen Finanzminister Yanis Varoufakis.

Sagen, was ist? Aufschreiben, was ist. Ja, ich glaube nach wie vor an Print – wenn man das Beste gibt, das man hat, das Beste geben darf.

Es war eine wunderbare Zeit beim STERN. Ich durfte so viele tolle Kollegen und großartige Kolleginnen kennenlernen, das war schön. Es hat so viel Spaß gemacht, mit den Kollegen und Kolleginnen im Layout (als sie noch auf die Elbe blickten) rumzuquatschen, über das Layout einer Geschichte zu sinnieren, oft auch die Titelentwürfe der Grafiker und Grafikerinnen zu übernehmen; es war faszinierend zu erleben, wie diese Künstler und Künstlerinnen rumtüftelten und so die geschriebenen Geschichten erst zu Geschichten machten.

In guter Erinnerung bleibt mir auch die unerschrockene Rechtsabteilung – die auf das relativierende »wohl«, »eventuell«, »etwa«, »heißt es«, »sagt man« verzichtete, wo immer es ging.

Bei manchen Kollegen und Kolleginnen muss ich mich entschuldigen. Ich fürchte, für die Kollegen und Kolleginnen in der »Schluss« zum Beispiel war ich oft anstrengend – weil ich häufig bis spät in die Nacht und bis auf den letzten Drücker Korrekturwünsche hatte. Und bedanken möchte ich mich bei der Text-Dok, *die für mich mit großer Geduld aus ihren Archiven Material ohne Ende hervorsuchte! Und, liebe Dok, falls ich manchmal zu nervend war … DANKE an ALLE.*

Ab morgen bin ich Rentner. Ein neues, ein ungewohntes Kapitel für mich. Aber auch Euch stehen aufregend-aufwühlende Zeiten bevor – und ich wünsche Euch, dem ganzen STERN, dem ganzen Haus G&J jegliches erdenkliche Glück!

Es gibt noch viel zu tun –
Euer
Arno

Meine Glückwünsche, sie haben nichts gebracht. Den STERN gibt es nicht mehr. Es gibt ihn zwar schon noch, irgendwie als Marke, aber er ist entkernt, nur noch Anhängsel von RTL, dessen Fahne nun über dem Gruner&Jahr-Gebäude am Hamburger Hafen weht.

Eines meiner letzten Gespräche mit der STERN-Chefredaktion. Es ging um eine »Bahngeschichte«, es ging um die völlig außer Kontrolle geratene, zig-Milliarden Euro verschlingende DB-AG, angedacht war sie von der Politik- und Wirtschaftsredaktion als Titelgeschichte. Das Gespräch dauerte nicht lang.

»Arno, das drucken wir nicht. Diese Art von Geschichten wollen wir nicht mehr.«

Ich: »Wie? Ihr wollt keine Enthüllungsgeschichten mehr, Geschichten, die, wie der Verlag auch sagt, sich gut verkaufen?«

»Arno, werde nicht polemisch. In der Zeit, in der du für diese Bahngeschichte recherchiert hast, hättest du zwei, drei von diesen tollen Gessprächen führen können, wie du sie mit Ina Müller oder Barbara Schöneberger gemacht hast. So etwas wollen wir.«

Ich: »Das sind Fingerübungen, mehr nicht, lustig vielleicht, aber diese Bahngeschichte hat eine gesellschaftspolitische Relevanz ...«

Sechs Uhr, plötzlich ist das im Kopf: Vor etwas schrecke ich noch zurück, dies allerdings schon seit zu vielen Jahren: die Patientenverfügung. Eigentlich komisch, das – denn: Vor vielen Jahren habe ich meinen Vater genötigt, eben eine Patientenverfügung zu unterschreiben. Meine Zurückhaltung (Angst?) hat vielleicht mit der Furcht um Entmündigung zu tun (oder was weiß ich, was mir da alles im Gehirn rumfährt).

Morgen habe ich die zweite Chemo, und ich merke: Ich habe wieder ein wenig Bammel davor. Wie reagiert mein Körper kommende Woche? Nagende Ungewissheit.

Zurück ins Bett. Nein, Entschuldigung Heizungs-Habeck & Waschlappen-Kretschmann, ich lege mich jetzt in die Badewanne.

Badewanne – was für eine großartige zivilisatorische Leistung.

ZEHN

28. November 2022

Habe ich die Augen geschlossen? Ich weiß es nicht. Ich bin in der Küche, es ist dunkel, und ich habe das Gefühl, dass ein Virus mich gerade attackiert. Das Gefühl, dass ich, wenn ich nicht sofort eine FFP2-Maske aufsetze, ganz rasch sterbe, innerhalb von Sekunden. Deshalb bin ich aufgestanden.

Rauhnacht. Die Gespenster toben.

Ich stehe in der Küche, da ist keine Maske, ich suche – mit immer noch geschlossenen Augen, glaube ich – in der Wohnung nach einer Maske. In irgendeiner Schublade finde ich schließlich eine, setze sie auf, gehe ins Bett, kann kaum atmen. Nach ungefähr zehn Minuten zwinge ich mich, richtig aufzuwachen; ich sage mir, rede mir zu, versuche mich zu überzeugen: Du kannst jetzt kein Virus einfangen, du bist verrückt, nimm die Maske ab!

Ich nehme sie ab, mache das Licht an: Es ist 3 Uhr 30.

Ein paar Stunden später liege ich in der Onkologie, aus drei Plastikbeuteln tropfen nach und nach die Gift-Heilmittel in meinen Körper, sechs Stunden wird diese Behandlung dauern.

Ich habe ein dickes Buch dabei, Barbara hat es mir geschenkt, wahrhaft ein Brikett: »Union der festen Hand« von Eric Reger, 1931 veröffentlicht. Der Roman spielt im Ruhrgebiet nach dem Weltkriegsende, zieht sich über knapp zehn

Jahre hin, das Thema: Arbeiter, die für die Schlotbarone schuften, ausgebeutet werden, kämpfen; die verzweifeln, resignieren, weil die Revolution und ihre Hoffnungen nach und nach in Sitzungen und faulen Kompromissen verraten werden: von linken, opportunistischen Parteiführern und Gewerkschaftsbossen, die sich plötzlich wie Konzernbesitzer fühlen (weil sie nun dank des neuen Mitbestimmungsgesetzes ein bisschen mitreden dürfen); von Stahlbaronen, die nach dem Revolutionsschreck nach und nach kalt-zynisch immer mehr die Nazis unterstützen. Ein Schlüsselroman der deutschen Industriegeschichte.

Eine wichtige Nebenfigur darin: der Kohle- und Stahlbaron Paul Reusch. Er, wie alle Führer der Schwerindustrie und Zeitgeschichte, etwa Thyssen, Stinnes, Flick, Hugenberg haben in dem Roman Tarnnamen (die im Nachwort aber entschlüsselt werden). Reusch, der im Roman Kropf heißt, kommt aus Königsbronn, meinem Heimatort.

Dort gibt es, benannt nach diesem Steigbügelhalter des Faschismus, an der Paul-Reusch-Straße den evangelischen Paul-Reusch-Kindergarten. Bei der Einweihung 1928 musste meine Mutter, gerade mal drei Jahre alt, das Einweihungsgedicht aufsagen. Für sie war das eine Überforderung, die sie bis ins hohe Alter nicht vergessen konnte: »Warum musste ich es aufsagen? Ich war doch die Kleinste, die Jüngste!«

An dieser Paul-Reusch-Straße, direkt neben dem Paul-Reusch-Kindergarten, liegt die Georg-Elser-Schule. Die Gemeinde Königsbronn hat die Postadresse für die Schule geändert, sich aber nicht getraut, den Straßennamen zu entsorgen oder zumindest mit einer Plakette zu erklären, was Reusch für einer war; auch die Kirche hat den Namen des Nazifreunds für den Kindergarten beibehalten.

Reusch – der Hitlerfreund, der unheilvoll Erfolg hatte. Elser – der Widerstandskämpfer, der das Grauen nicht verhindern konnte, unglücklicherweise keinen Erfolg hatte. Deutsche Geschichte auf hundert Metern. In einem Dorf auf der Schwäbischen Alb.

Am Bahnhof in Königsbronn, von wo aus Elser nach München gefahren ist, gibt es seit 2010 ein Denkmal. Es zeigt einen, wie meine Mutter zutiefst empört sagte, rostigen hässlichen Mann mit großen Silberfingern, zwischen den Beinen eine Aktentasche, aus der Dynamitstangen ragen – nicht gerade schlau, wenn man einen Anschlag auf den Führer plant.

Eine Zeitlang gab es bei dem Denkmal eine kluge Erläuterung, wer Elser war, was er wollte, Auszüge aus der Einweihungsrede von Jutta Limbach, der ehemaligen Präsidentin des Bundesverfassungsgerichts. Aus unerfindlichen Gründen verschwand die Erläuterung, tauchte plötzlich für zwei Tage wieder auf, als Bundespräsident Frank-Walter Steinmeier wegen Elser in Königsbronn war; seit seinem Besuch ist sie wieder weg.

Der Zugreisende, der an diesem Bahnhof aussteigt, sieht nun eine rostige Figur – und versteht beim besten Willen nicht, um wen und was es da geht.

»Verstehe nur Bahnhof« – selten war dieses Sprichwort treffender als an diesem Bahnhof.

Was der Reisende allerdings nicht übersehen kann: Vor dem Denkmal steht eine ziemlich große Edelstahltafel – mit den Namen der Denkmal-Stifter.

29. November 2022

Ich will nicht aufstehen. Ich habe so viel Zeit. Was tun damit? »Sie müssen«, hat ein Arzt gesagt, »zwei-, dreimal in der

Woche an die Grenzen Ihrer Leistungskraft gehen. Sich total verausgaben. Aus der Puste kommen, den Puls hochjagen. Joggen. Das hilft.«

Wie soll ich joggen – mit meinem kaputten Fuß?

In meinem Arbeitszimmer wartet nach dem Aufstehen ein uralter Hometrainer. Barbara hat ihn in einem Anfall von Fitnesswahn vor 15, 20 Jahren angeschafft. Und so gut wie nie benutzt. Oft schon wollte ich das nutzlose Gerät entsorgen, aber ich war zu faul. Nun kann ich darauf rumradeln.

Ich stehe auf, setzte mich auf das Ding, aber ich kann ihm nur kurz die Sporen geben. Nach ein paar Sekunden sind diese Eisnadeln in meiner Nase, sie prickeln, nein, sie stechen – ein infernalischer Schmerz beim Ein- und Ausatmen: Folgen der gestrigen Chemo.

Ich habe diese Chemo eigentlich fast besser vertragen als die vor zwei Wochen. Kaum Beschwerden, nur dieses heftige Prickeln, diese Eiseskälte an den Fingerspitzen, wenn ich Dinge aus dem Kühlschrank hole. Die kühlen Zwiebeln aus dem Kühlschrank konnte ich nur mit Handschuhen schneiden, ich kann nichts aus der Tiefkühltruhe mehr ohne Handschuhe berühren. Und diese harten Eisspänne nun in der Nase – wirklich lästig.

Gestern bei der Chemo lag wieder eine junge Frau neben mir, vielleicht 30 Jahre alt. Sie hat am gleichen Tag wie ich die gleiche Diagnose bekommen, sie sagt: »Ich bin aus meiner Welt gefallen. Ich kann meinem Freund nicht sagen, wie ich mich fühle. Er versteht es nicht. Ich bin allein. Meine beste Freundin, sie ist Ärztin, hat keine Ahnung, was so eine Diagnose mit dir anstellt. Der Einzige, der mich versteht, ist ein Bekannter: Er hat Hodenkrebs.«

Diese junge Frau verträgt ihre Chemo ziemlich schlecht. Sie hat diese Eisnadelstiche auf der Zunge, sie hat fast jede Lust auf Essen verloren und hat mich vorgewarnt, dass diese Eispickel auch in der Nase wüten können. Sobald es weniger als zehn Grad hat, sagt sie, »wickle ich fast mein ganzes Gesicht in einen Schal ein. Ist mir doch egal, wenn mich die Leute blöd anglotzen.«

Das Kribbeln in den Fingerspitzen ist seit ein paar Stunden ständig da. Jedes Mal Stiche, wenn ich nur die Tasten meines Computers berühre. Der Körper steckt viel weg, das weiß ich nun. Aber streikt irgendwann die Seele?

Kurz vor seinem Krebstod traf ich (wie erwähnt) den Pädagogen Wolfgang Bergmann zum Gespräch; er lag im Hospiz, hatte Schmerzen, war nur noch Haut und Knochen, und er konnte bloß noch so leise nuscheln, dass ich ihm mein Mikrofon ganz nahe an seinen Mund halten musste. Aber, es war ihm wichtig, er wollte erzählen, wie er sich fühlt.

Sie sind, fragte ich ihn, »wütend auf die Welt, neidisch auf die Gesunden?«

»Nö«, hauchte er, »nicht wütend. Vielleicht neidisch auf Leute, die leben dürfen und ich nicht. Ich halte das auch für eine Sauerei, ich hab das nicht verdient. Aber dann kommt altes, längst abgelegtes protestantisches Denken in mir hoch, dass die Dinge eben sind, wie sie sind, ich sie nicht ändern kann. Also, ich lass das Leben auf mich zukommen, finde mich ab mit den Dingen, wie sie sind.«

Den Deutschlandfunk gerade ausgeschaltet – aus Wut, Zorn, ich weiß es nicht. Nicht auszuhalten, wie Wirtschaftsminister Habeck gerade begründete, wie man Fachkräfte aus dem Ausland nach Deutschland locken wird, sie einbürgern wird. Was er da ankündigt, ist nichts anderes als Diebstahl an armen Ländern. Gut ausgebildete junge Menschen, die »gutes

Potenzial« haben, sollen hier bei uns arbeiten, Fachkräfte werden. Werden dürfen. Wie soll man das, was er in seinem habituell-sanften Ton ganz kühl ankündigt, nennen? Grünen Imperialismus? Rücksichtslosen Raubbau? Wertegeleiteten Kolonialismus?

Es ist ganz einfach: Ausbeutung. Ausbeutung von menschlichem Rohstoff. Humankapital.

In den Worten von Andrea Nahles, Chefin der Bundesagentur für Arbeit: Deutschland brauche jedes Jahr 400 000 zusätzliche Arbeitskräfte. Das deckt sich übrigens mit der Zahl, die vor ein paar Jahren Angela Merkel mit ihrem »Wir schaffen das« begründete. Was vergessen wurde, weil dann die Wut gegen die Ausländer medial angeheizt worden ist: Diese so menschlich anmutende Ansage machte Merkel damals in Absprache mit den Spitzenmanagern der deutschen Industrie, sie war nur Kalkül im Sinne der Stärkung des deutschen Industriestandorts, machtpolitisches Kalkül im Mantel der Menschenfreundlichkeit.

30. November 2022

Ich habe ja gestern beim DLF auf den Ausknopf gedrückt, weil ich Habeck nicht mehr zuhören konnte, auch wie er sich lobte, dass ER es geschafft hat, mit Katar nun das Flüssiggasgeschäft abzuschließen, das sei doch »super«. Was ist denn daran super? Ein Geschäft mit einem Despoten-Regime und: Was kostet das Gas? Dazu schweigt Habeck. Staatsgeheimnis. Für gerade mal knapp drei Prozent jener Gasmenge, die Deutschland jährlich braucht, verhökert dieser grüne Wirtschaftsminister Anstand und Würde. Für eine schäbige PR-Aktion. Denn in der derzeitigen »Energiekrise« ist dieser Deal keine

Hilfe. Das arabische Despoten-Gas soll frühestens ab 2026 geliefert werden.

So ähnlich argumentiere ich gegenüber einem Freund und Kollegen, der, wie so viele Journalisten, seit Jahren die Grünen wählt. Seine Antwort: »Man kann als Grüner keine Regierungspolitik machen, ohne sich in die Tasche zu lügen.«

Toller Pragmatismus. Solche Wähler brauchen machtversessene Opportunisten. »Realpolitik« nennen das jene Politiker, die all ihre Ziele, Träume, Versprechungen skrupellos entsorgen, sobald sie an der Macht sind.

Und so bin ich fast versucht, der Anarchistin und Friedensaktivistin Emma Goldman zuzustimmen: »Wenn Wahlen etwas ändern würden, wären sie schon längst verboten.«

Ein nass-düsterer Tag. Eigentlich passt dieses Wetter perfekt zu meiner traurigen Grundstimmung. Gleichwohl wünsche ich mir Helligkeit. Aber neulich, als die Sonne sich kitschig-wunderbar glutrot über die Bäume des Innocentiaparks stemmte und freundlich mein Arbeitszimmer ausleuchtete, war diese strahlende Sonne fast eine Beleidigung und Belastung für mich: Sie stand plötzlich für Freude und Lebenslust; sie zeigte mir fast zu brutal, wonach ich mich sehne. Tja, es gibt kein richtiges Wetter im falschen Leben.

ELF

2. Dezember 2022

Ich habe in meinem Berufsleben viele Gespräche mit Kranken und Sterbenden geführt und nun hilft mir das bei meiner eigenen Krankheit.

Etwa die Lakonie von Manfred Rommel, der seine Parkinsonkrankheit bewunderungswürdig gelassen akzeptierte: »Ich kann es nicht ändern, also rege ich mich nicht auf« – und selbst in den letzten Stunden seines Lebens den Humor nicht verlor: »Das Steuerrecht«, sagte mir der Schwerkranke bei unserer Begegnung, »verdirbt den Erben langsam jede Freud am Sterben.«

»War es ein Schock für Sie, als Sie Ihre Diagnose bekamen?«

»Nein«, antwortete er, »ich habe nur gedacht: Gott sei Dank habe ich es nicht früher gekriegt! Mein Gott, was soll ich denn machen? Ich kann es doch nicht ändern. Parkinson ist ja eine ehrenwerte Krankheit. Syphilis wäre schlimmer.«

Gleichwohl, so gelassen wie er war, so groß war dennoch seine Sehnsucht nach Gesundheit. Wenn es denn helfen würde, »damit er wieder funktioniert«, könnten sie »in meinen Kopf Holzwolle reinstopfen«.

Mein Gespräch damals mit Manfred Rommel, dem ehemaligen Oberbürgermeister von Stuttgart, dauerte fast sechs Stunden. Es war in der Adventszeit 1999. Rommel trank Kaffee, knabberte Weihnachtsgebäck, und es wurde dunkler und dunkler in seinem Wohnzimmer. Licht wollte er nicht anmachen. »Es ist gut so«, sagte er, »dass es Nacht wird. Das passt zu unserem Thema: meine Parkinsonerkrankung.«

Irgendwann klingelte das Telefon, mühsam stemmte sich Rommel aus dem Sessel, helfen lassen wollte er sich nicht. Das Aufstehen war Training im Kampf gegen die zunehmende Lähmung. »Da war einer von der Bild-Zeitung dran«, sagte er nach dem Telefonat, »alle vier Wochen rufen die an und gucken, ob ich noch lebe.«

»Kennen Sie«, fragte er mich irgendwann gut gelaunt, »den Lieblingswitz von Lothar Späth?« Nein. »Der beschreibt«, sagte Rommel, »so ein bisschen meine Seelenlage. Also: Da versammelt sich ein Stammtisch und einer der Stammtischbrüder sagt immer: ›Es hätte noch viel schlimmer kommen können!‹ Mit dem Spruch geht er den anderen schwer auf die Nerven. Dann passiert eines Tages ein fürchterliches Unglück. Da kommt ein Ehemann heim in sein Hochhaus, 13. Stock, und er überrascht seine Frau mit einem Liebhaber. Er wirft die Frau den Balkon runter, den Liebhaber hinterher, und dann springt er auch noch selber runter. Da sagt der eine Stammtischbruder: ›Es hätte noch viel schlimmer kommen können!‹ ›Jetzt hör mal auf‹, sagen die anderen, ›was hätte denn da noch viel schlimmer kommen können? Alle sind tot!‹ Sagt der: ›Vor 14 Tagen war ich in der Wohnung!‹«

3. Dezember 2022

Ich liege auf der Couch im Wohnzimmer, warm unter einer Decke, lese ein angenehm leichtes, unterhaltsames Buch (zumindest bis Seite 220, dass ein schreckliches Unheil noch kommt, ahnt man auf jeder Seite) von Erik Fosnes Hansen: »Ein Hummerleben«.

Barbara kommt vom Einkaufen, ich höre sie im Flur, sie reißt die Tür zum Wohnzimmer auf, noch im Mantel wirft sie sich auf mich, es schüttelt sie, sie zittert. Sie weint hemmungslos. Was ist los, Barbara? Wir umarmen uns wie Verzweifelte; wir umklammern uns wie Ertrinkende. »Ich habe grad so eine schöne Straßenmusik gehört. Ich habe mitgesungen. Ein paar Sekunden lang war alles weg, unsere Verzweiflung vergessen.«

5. Dezember 2022

Nachher gehe ich zum Zahnarzt, nichts Schlimmes, nur Mundhygiene, und ich werde wieder gelobt werden, wie gut meine Zähne sind, »nur eine Plombe – in Ihrem Alter!«. Vor ein paar Jahren hat der Arzt aus Begeisterung einen Abdruck von meinem Gebiss gemacht, und nun, irgendwo an einer Uni, dient es der Ausbildung von Studenten.

Was aber, das bedrückt mich jetzt, sage ich der Arzthelferin, die mich seit 30 Jahren betreut, wenn sie mich wie immer fragt: »Wie geht es Ihnen?« – und eigentlich meine Standardantwort erwartet: »Klasse, saugut, prima!«

Was sage ich ihr? Die Wahrheit? Belaste ich sie damit? Ich werde das vor Ort entscheiden.

Auf dem Weg zur Arztpraxis quält mich noch ein Gedanke: Halte ich es aus, 60 Minuten im Behandlungsstuhl zu liegen, ohne auf die Toilette rennen zu können?

Heute Nacht dehnten sich zäh die Minuten.

3 Uhr 13.

Stunden später:

3 Uhr 15.

Stunden später:

3 Uhr 17.

Viele Stunden später:

3 Uhr 22.

Kein Schlaf, nur so ein Dauerdämmerhalbtraum, jetzt nur nicht verzweifeln. Ich löse, zumindest dies, alle Probleme der Fußball-Nationalmannschaft: weg mit DFB-Direktor Oliver Bierhoff, diesem BWL-Marketing-Fuzzi. Weg mit seiner DFB-Akademie in Frankfurt, die genormte, angepasste, gleichgeschaltete Spieler erzeugt, die von einem System aufs andere wie Roboter umschalten können, – jeden Hauch von Selbstständigkeit, Kreativität, Eigenwille, Schläue verloren haben oder, in den Worten von Antonio Rüdiger, »die letzte Gier, dieses etwas Dreckige«.

Little boxes sind sie, all look just the same, sang irgendwann mal der US-Liedermacher Pete Seeger, alle sind gleich, gleichgeschaltet, durch und durch bieder. Wenn ich mir die durchgestylte Plastik-Homepage dieser »Akademie« anschaue, dann verstehe ich, dass in so einer artifiziellen Umgebung mit dem Flair der Schönen Neuen Welt, zumindest einer Sekte, keine Siegertypen entstehen können. Dazu, dass sich die Fans von der Mannschaft entfremdet haben, sagte BWL-Bierhoff, »mit den Stakeholders« werde man das »analysieren« – geht's noch?

4 Uhr 10, einfache Gedanken quälen, sie sind so sinnlos, egal: Mit dieser Mannschaft kann es nichts werden, in der es keine (Straßen-)Fußballer mit Wummsrumms mehr gibt (Ausnahme: der zitierte Antonio Rüdiger), nur behütete Mittelschichtsfußballer, die als Kinder vermutlich gleich nach dem Aufstehen ihren Sturzhelm aufbekommen haben, um dann beheizte Kickschuhe anzuziehen. Kann man sich, hat das nicht neulich auch eine Zeitung gefragt, Serge Gnabry oder Leroy Sané mit Kopfverband in einem WM-Finale vorstellen,

blutend und leidend – so wie Schweinsteiger beim Titelge-
winn 2014 in Rio, wo er sich im Spiel durch eine Art Not-OP
eine heftige Platzwunde unterm rechten Auge tackern ließ?

Bin ich ungerecht?

Ich will nicht noch mehr Slums, bloß damit es wieder
gute Fußballspieler gibt. Und ich bin Katar und dem hyper-
korrupten FIFA-Regenten Infantino dankbar, dass sie diesen
hypertrophen Sport entlarvt und mit dieser Winter-WM dafür gesorgt haben, dass der nationale Überschwang, schwarz-
rot-goldene Fähnchen an Autos, Balkonen, geschwenkt von
Hunderttausenden in den Fan-Meilen – dass das alles in sich
zusammenkrachte.

Auch nicht schlecht, dass diese Mannschaft sogenannte
kleine Mannschaften nicht gnadenlos abservieren konnte,
Costa-Rica nicht 8:0, 9:0 vom Platz fegte, sondern selber
klein, verletzlich, hilflos wirkte.

Im Kopf nun Scholz, Baerbock, Nato, ein Kuddelmuddel,
schräge Gedanken, das Vorrundenaus … Fußball wird hierzulande ja gerne als Spiegelbild politischer Verhältnisse gesehen,
als eine Sache von nationaler Bedeutung und heiligem Ernst.
So gesehen, war diese WM mit der Schlappe der Deutschland-
Kicker vielleicht Menetekel für dieses politische Zeitenwende-
Gerede? Schön wäre es. Dass der neu-alte Militarismus entsorgt wird, bevor er entsteht? Unwahrscheinlich. Der Drang
zum Imperialen wird wohl bleiben, fürchte ich, ich kenn keine
Parteien mehr, wenn es um Aufrüstung geht, denn: »Deutschland muss den Anspruch einer Führungsmacht haben«, sagt
gerade SPD-Chef Lars Klingbeil.

Das sagen viele.

Aber warum, verdammt noch mal, muss Deutschland eine
Führungsmacht sein?

6. Dezember 2022

Oliver Bierhoff ist weg.

7. Dezember 2022

Mit einem ehemaligen STERN-Kollegen kabbele ich mich hin und wieder wegen der Gender-Sprache, ihrer grammatikalischen und ästhetischen Verhunzung durch »woke« Aktivist*Innen (Aktivist*innen), des PC-Wahns, der Diskurseinschränkungen und ähnlichen Unfugs des (fast) herrschenden Zeitgeists.

Gestern schrieb ich ihm dies, natürlich etwas übertreibend, zugespitzt, ausgelöst durch einen Vortrag des US-Dramatikers und Schriftstellers Ayad Akhtar:

Lieber Franz,

ein Nebenprodukt all dieser Aufpasserei, Kontrolle, Identität, Rechthaberei, Genderei ist etwa dies: Medgar Evers, eine der wichtigsten Figuren der schwarzen Befreiungsbewegung in den USA, über ihn will seit Jahren sein bester Kenner eine Biografie schreiben. Er findet keinen Verlag, der Grund: Er ist ein Weißer. Und kein Verlag im »US-woken« Klima wagt es, dass ein Weißer über einen Schwarzen schreibt.

Schon irre, das.

Im Umkehrschluss heißt das, ich polemisiere nun: Ein Nichtschwabe darf nicht mehr über Schwaben schreiben. Nur noch Katholiken dürfen über die katholische Kirche schreiben. Nur noch ein Nazi über Nazis.

Heute an den Unis (vielleicht) nicht mehr möglich: Toni Morrison hat ihre Masterarbeit an der Cornell-Universität über die

weiße (!) Virginia Woolf und den weißen (!, dazu noch männ-
lichen!!) William Faulkner geschrieben.

Seine Antwort, etwas überraschend, weil er sonst immer ge-
schlechtergerechte Sprache etc.pp. verteidigt, mit großem Ver-
ständnis für all das, was sich auf Instagram so tut, LOL, man
müsse das der Jugend nachsehen, OMG:

»Gerade bei einer linken Lesbe auf Facebook gesehen:

hat jemensch vielleicht sogar besondere Hinweise für be-
zahlbare Unterkünfte?«

Medgar Evers, der fast sein ganzes Leben lang gegen die
Rassentrennung kämpfte, wurde am 12. Juni 1963 in Jackson,
Mississippi, ermordet. Sein Mörder, gedeckt von Politik und
Justiz, blieb nach zwei Prozessen straffrei und ein angesehener
Bürger; erst 30 Jahre später wurde er verurteilt.

Eines der wichtigsten Lieder meiner Jugend, Bob Dylans »A
pawn in their game«, das er 1964 nach dem Mord an Medgar
Evers schrieb:

A bullet from the back of a bush
Took Medgar Evers' blood
A finger fired the trigger to his name
A handle hid out in the dark
A hand set the spark
Two eyes took the aim
Behind a man's brain
But he can't be blamed
He's only a pawn in their game

8. Dezember 2022

Grad mal nachgelesen, zum ersten Mal, Kunst der Verdrängung: Was bei einer Chemositzung an Gift-Heilstoffen in meinen Körper fließt:

100 Milliliter Dexamethason über 15 Minuten;
250 Milliliter Palonosetron über 60 Minuten;
500 Milliliter Oxalipatin über 120 Minuten;
500 Milliliter Folinsäure über 120 Minuten;
Danach über die »Pumpe«:
120 Milliliter 5-Fluorouracil über 48 Stunden.

9. Dezember 2022

Die Momente nach meiner Darmspiegelung hatten Elemente des absurden Theaters. Ich war sediert worden, und als ich aufwachte, nahm mich der Arzt aus dem OP-Raum mit in sein Besprechungszimmer. Auf dem Weg dorthin sagte ich: »Tolle Sache, diese Sedierung, warum hilft man Menschen, die sterben wollen, ihr Leiden sehnlichst verkürzen möchten, nicht mit so einem Mittel? Hunde schläfert man menschlich ein«, sagte ich, »aber der Mensch muss am Ende seines Lebens oft leiden wie ein Hund.«

»Ich möchte nun nicht«, antwortete der Arzt und setzte sich hinter seinen Schreibtisch, »mit Ihnen über Sterbehilfe philosophieren. Unsere Aufgabe ist es, Leben zu retten.«

Komisch, dachte ich, warum guckt der Kerl so ernst? Angst kriecht in mir hoch. »Setzen Sie sich, ich habe schlechte Nachrichten für Sie: Ich habe in Ihrem Darm einen ziemlich großen Tumor gefunden, ich konnte ihn nicht anheben, nicht entfernen, er ist wie eine Raupe in die Darmwand gewachsen. Ich lass das Gewebe noch analysieren, aber meine Erfahrung sagt mir: Es sieht ziemlich schlecht für Sie aus. Wenn Sie Glück haben, hat er noch nicht ausgestrahlt.«

Entsetzter Blick von mir. Der Arzt (meinte er es etwa als Beruhigung?): »Das ist nun nicht unbedingt Ihr Todesurteil.«

ZWÖLF

11. Dezember 2022

Diese verdammten Nächte, so lang, so quälend, so dunkel.
Gott sei Dank habe ich keine körperlichen Schmerzen, so gesehen geht es mir gut, nein, es geht mir nicht gut, Gedanken
können brutal wehtun.

Ich muss aus dem Bett raus; um kurz nach drei sitze ich auf
dem blöden Hometrainer, strampele ein bisschen, 500 Meter
weit komme ich, ich rase dabei kurz mit Tempo 44 dahin, aber
diese Anstrengung beruhigt mich nicht, warum ist nun das
so plötzlich in meinem Kopf? Gelegentlich werde ich gefragt,
was die bewegendste Begegnung in meinem Journalistenleben
war? Das kann ich nicht sagen, es ist mal so, mal so, stim-
mungsabhängig, aber jetzt, an diesem düsteren Morgen, ist es
die mit Angelika Schrobsdorff.

Ich setze mich an den Tisch, suche das alte Gespräch mit ihr
heraus, versuche, mich an die Begegnung mit ihr zu erinnern:

Ich traf diese Schriftstellerin im Spätherbst 2008 in Berlin.
Ich wollte wissen, warum sie, die vor den Nazis aus Berlin
fliehen musste, nach Jahren in Israel in die von ihr so heftig
verfluchte Heimatstadt zurückkam, warum?

Schrobsdorff, 1927 in Freiburg geboren. Ihre Mutter ent-
stammte dem jüdischen, ihr Vater dem preußischen Groß-
bürgertum. Sie wuchs in Berlin auf, flüchtete 1938 mit ihrer
Mutter und ihren Geschwistern nach Bulgarien, wo sie bis

1947 blieb. Ihre Großeltern wurden in Theresienstadt ermordet; ihr Bruder, der auf französischer Seite kämpfte, fiel 1945. 1962 veröffentlichte sie ihren ersten Roman »Die Herren«, ein Bestseller, der in Bayern lange verboten war. Begründung: Sie als Jüdin schildere sich darin so negativ, dass ihr Roman Antisemitismus hervorrufe.

Ihr Leben war für viele eine Provokation: Sie hatte unzählige Liebhaber, große Autos, der Champagner floss, sie war mit Simone de Beauvoir und Jean-Paul Sartre befreundet. 1971 heiratete sie in Jerusalem den Regisseur Claude Lanzmann (»Shoah«), wohnte mit ihm jahrelang in Paris, ging dann 1983 nach Israel. Dort galt sie, weil sie mit den Palästinensern sympathisierte, als Nestbeschmutzerin.

2006 kam sie nach Berlin zurück. Der Grund? »Es stirbt sich leichter in der deutschen Sprache«, sagte sie mir.

Ein aufregendes, ein trotz aller Schläge erfülltes Leben hat Schrobsdorff geführt, könnte man meinen, und auch jetzt noch, mit ihren 80 Jahren, wirkt Angelika Schrobsdorff äußerst vital, wie sie in ihrer Berliner Wohnung für mich Kaffee kocht, Wein serviert, mit ihren Katzen redet und mit mir flirtet. Doch sie hat in diesem Sommer nur den Wunsch, möglichst bald zu sterben. Wenn es sein muss, will sie mit Gift nachhelfen.

Selten habe ich einen Menschen getroffen, der so schonungslos brutal mit allem abgerechnet hat: dem Leben und sich selbst. Sie sagt: »Ich wünsche mir die völlige Auslöschung. Ich will spurlos verschwinden.«

Auszüge aus dem Gespräch:
Sie hoffen ja, Frau Schrobsdorff, dass das alles bald vorbei ist – das Altern, das Leben.

Das kann man wohl sagen. Ich möchte so schnell wie möglich weg sein. Total verschwinden. Das Leben – man wird durch dieses Leben geschleudert und gezogen, es wird einem dies und das angetan, und irgendwie würgt man sich durch. Nein, ich halte nichts von diesem Leben.

Es muss doch, mit Verlaub, auch für Sie noch schöne Momente geben!

Meine Zigaretten. Ich rauche wahnsinnig gern.

Ist das alles, was Ihnen noch Spaß macht?

Beinahe. Es gibt noch andere, sehr kurze Augenblicke, die einen für die Qual der Existenz entlohnen: Eine Amsel am Morgen. Wenn die Blüten rauskommen. Herrlich ist es, wenn ich am Grunewald sehe, wie die Hunde herumtollen und ins Wasser rennen. Die spielen ja wie kleine Kinder, das ist schön. Und dann gehe ich auch noch gerne ins »Klärchens Ballhaus«, drüben im Osten der Stadt. Da sieht man Menschen, die tanzen, unbefangen wie die Hunde am Grunewaldsee. Vollkommen selbstvergessen, jeder Schritt eine Welteroberung – das zu beobachten, macht mir noch eine Freude. Aber das hilft mir nichts. Ich stecke in einer Sackgasse, ganz tief mit meinem Kopf stecke ich drin, und ich komme nicht raus.

Vor 70 Jahren mussten Sie, da Sie nach den Rassegesetzen der Nazis als Halbjüdin galten, mit Ihrer Mutter und Ihrer Schwester aus Berlin fliehen. Vor zwei Jahren sind Sie aus Jerusalem zurück in diese Stadt gegangen und …

Warum bin ich hier? Warum? Voller Entsetzen fragen mich das viele Menschen. Ich kann es nicht sagen.

Vielleicht ist Deutschland Ihre Heimat.

Sind Sie wahnsinnig!

Vielleicht sind Sie hier, weil es sich leichter in der Muttersprache stirbt?

Es stirbt sich leichter in Deutschland, ja, das hoffte ich. Aber ich bin keine Deutsche. Heimat ist ein schönes Wort, und ich habe zwei Heimaten verloren: die deutsche und mein Jerusalem. In Jerusalem hatte ich mich fast mit dem Leben versöhnt. Es war das Schönste, was es gibt, und für einige Zeit war ich der glücklichste Mensch auf der Erde. Doch Israel hat sich in den letzten Jahren zu einer verrohten Gesellschaft entwickelt. Die alten Juden, die Kultur hatten, sind gestorben. Ich hatte ein unerhörtes Vertrauen in sie. Doch nun hat sich eine neue Rasse …

Was? Wie bitte?

Ja, eine neue Rasse hat sich entwickelt: roh, grob, hartherzig, mit Ellenbogen. Eine Kriegerkaste. Die Okkupationen, die sich ständig verschärften, färbten auch auf die Okkupanten ab. Ich habe einen Gerechtigkeitsfimmel. Und das Unrecht, das die Israelis gegenüber den Palästinensern begehen, hielt ich nicht mehr aus. Ich musste weg. Aber wohin denn? Wo soll eine alte Frau hin, die weiß, sie hat die letzte Schwelle ihres Lebens überschritten?

Und weil Sie Deutsch sprechen, sind Sie hier.

Ja. Jahrelang habe ich alles Deutsche verweigert. Ich habe die Sprache über viele Jahre abgelehnt, es ist ja eine schwere Sprache mit Ecken und Kanten, Brüchen und Rissen. Aber sie ist auch wunderbar. Und es ist für mich nun einfach praktisch, wenn ich jemand anrufen und sagen kann: »Hören Sie mal zu, mein Klo stinkt. Bitte kommen Sie her und schauen Sie nach!« In der deutschen Sprache kann ich streng werden und laut, ich kann mit ihr fluchen und schreien; Sie haben recht, es stirbt sich leichter in der Muttersprache, ich brauche nicht nachzudenken, was »sterben« heißt oder »Bettpfanne« – das hilft im Alltag.

»Bettpfanne« – ein wunderbares Wort.

Ja. Als ich nach Berlin zurückkam und mit Bekannten durch
die Stadt fuhr, hat mich überrascht, wie die deutsche Sprache mit Anglizismen verhunzt wird. Warum machen die
das? Coffee to go! Zeitung to go! Shoppen ohne zu stoppen!
So ein Quatsch! Wollen die, dass wir alle verblöden? Was
tun die ihrer Sprache nur an? Wie verhöhnen und entwür-
digen sie jene Menschen, die nicht Englisch gelernt haben?

Sie regen sich ja richtig auf.

Ich bin zornig ja. Was ist das bloß für eine Gesellschaft?

Sie sind Schriftstellerin – Sie könnten sich da einmischen.

Nein. Ich kann nicht mehr schreiben. Ich trau mich nicht
mehr, ich seziere jedes Wort, und so verschwindet es. Ich
habe keine Motivation mehr. Ich weiß einfach nicht, wofür ich noch schreiben soll. Schreiben war immer der Sinn
meines Lebens, eine Art Droge, Erlösung. Es gab mir das
Gefühl der Befreiung, des Glücks. An der Schreibmaschine
konnte ich alles, lachen und weinen, ich legte meine Hände
auf die Tasten, und sie schnurrten los. Das ist nun weg. Ich
habe keine Worte mehr. Das ist das Ende. Man stirbt ja
nicht nur gesundheitlich, zerfällt nicht nur körperlich. Man
stirbt, was die Jungen nicht erahnen können, ja auch innerlich. Man wird kälter und kälter. Ich kann nicht mehr
weinen. Ich bin innerlich erstarrt.

(…)

Wenn Sie auf Ihr Leben zurückblicken, dann …

… sehe ich, dass ich es vergeudet habe. Ich war klug und in-
telligent und habe nichts aus mir gemacht. Ich habe meine
Mutter entsetzlich gequält, weil ich mich von ihr brutalst
losgerissen habe, ich habe meinen Vater, der ein Bauunter-
nehmer und sehr preußisch war, enttäuscht, weil ich nicht

die höhere Tochter geworden bin, in die er investiert hat. Ich habe mich enttäuscht, weil ich furchtbar faul bin. Ich habe alles versaut.

Sie haben doch 13 Bücher geschrieben, darunter mehrere Bestseller, ein paar Ihrer Bücher wurden verfilmt – Sie können doch zufrieden mit sich sein!

Nein, das Schreiben war eine Besessenheit, eine Obsession, keine Leistung von mir. Ich frage mich auch ununterbrochen, was die Leser bloß in meinen Büchern finden, sind die verrückt? Es war einfach schön, frühmorgens an der Schreibmaschine zu sitzen, Tee und Zigaretten neben sich zu haben und loszuschreiben.

Der amerikanische Schriftsteller Philip Roth zieht »einen gewissen Trost« aus dem Gedanken, dass seine Bücher, auch wenn er nicht mehr lebt, gelesen werden – deswegen, so Roth, »lege ich Wert darauf, dass bei Neuauflagen Druckfehler bereinigt werden«.

Ach was, mir ist es doch scheißegal, ob da noch Fehler drin sind! Ich wünsche mir die völlige Auslöschung, die Bücher sollen auch weg. Ich will spurlos verschwinden. Ich will verbrannt und verstreut werden, ich will nichts übrig lassen, keinen Ort, wo man hingehen kann, nichts.

Sie reden so traurig und sind doch so vital.

Meine schreckliche Vitalität lässt mich nicht sterben. Und ich knipse diese Vitalität an, wenn Menschen kommen, die finden mich dann wahnsinnig amüsant. Die wissen gar nicht, wie es in mir tatsächlich aussieht. Wenn ich allein bin, bin ich traurig. Ich habe keine Worte, bin einsam, leer, einsam, einsam, einsam. Ich sitze auf dem Scherbenhaufen meines Lebens.

Und Sie denken an den Tod.

Ständig. Ich hoffe auf ihn. Lieber heute als morgen wäre ich tot. Ich muss nur zuvor sehen, wo ich meine jüngste Katze unterbringe. Als Fünfjährige machte ich ein Gedicht, meine Mutter musste es für mich aufschreiben: »Was soll ich auf der Erdenwelt/Ich habe keinen Mann, ich hab kein Kind/ Was soll ich auf der Erdenwelt/Ich möchte lieber ins Himmelszelt.« Mein Tod wäre für mich eine Befreiung.

Sie könnten sich ja umbringen.

Ich bin dafür – noch – zu feige. Ich kann mich auch nicht gewalttätig umbringen. Ein guter alter Freund von mir, wesentlich jünger als ich, ist auf ein Dach gestiegen und hat sich rücklings runterfallen lassen. Das schaff ich nicht. Aber ich weiß auch, dass ich in keines dieser Pflegeheime gehe mit zu wenig und total unterbezahltem Personal. Glauben Sie, ich möchte ein Windelhöschen angezogen bekommen? Ich bin in meinem Leben so entwürdigt worden, immer wieder, von Anfang an, dass ich nun wenigstens in Würde sterben möchte. Ist denn das zu viel verlangt! Ich habe nur Angst, dass mir ein schöner Abgang nicht vergönnt wird, und deswegen habe ich mich versichert.

Was heißt das?

Ich bin Mitglied von zwei Sterbehilfe-Organisationen und ich habe dazu noch einen Arzt, der in diesem Sinne auf mich achten will. Ich möchte jemanden dahaben, falls ich das Gift ausspucke, ich möchte nicht wieder aufwachen und die Hälfte des Gehirns verloren haben.

Für die Kirchen ist die aktive Sterbehilfe eine Sünde, für den katholischen Bischof Karl Lehmann »die Zersetzung der Menschlichkeit«.

Die Kirchen können mich – ich weiß nicht, was! Ja, ja, ihr Deutschen mit eurer Euthanasie, ihr seid immer noch im

Griff von Hitler! Das kotzt mich an. Die einzig barmherzige Einstellung des Menschen ist für mich, den Menschen nicht elendiglich krepieren zu lassen.

So wie Sie reden, müssten Sie demonstrieren mit dem Slogan: »Mein Tod gehört mir!«

Ja, all die alten Krüppel, die vielen Alten, die in Pflegeheimen armselig und entwürdigt vor sich hinvegetieren und todtraurig sind, die müssten für einen Tod in Würde kämpfen.

Der Literaturprofessor Hans Mayer hat sich vor ein paar Jahren, als 94-Jähriger, zu Tode gehungert.

Das habe ich mir auch schon überlegt, aber es dauert so lange. Ich bin dafür zu hipperig.

Soll ich Sie umbringen?

Ja, das wäre es, das ist ein guter Gedanke.

Ich kann es nicht.

Ich weiß.

Die Reaktion eines Lesers auf das Gespräch: »Ich habe in meinem Leben noch nie etwas so Menschliches gelesen.«

12. Dezember 2022

Brief an die Freundin aus Tübinger Studienzeiten, es geht wie zu oft in diesen zu wirren Zeiten um Leid, Krieg und Frieden, Gott und eine Weihnachtspredigt:

Komme, liebe Brigitte, gerade von Chemo. Als ich die Praxis verließ, mir die Kälte ins Gesicht schlug, musste ich aufschreien: Die Eisnadelspitzen, ganz plötzlich, total unvermutet, stachen, nein, hämmerten in meine Nase, unerträglich – ich musste durch den Mund nach Luft schnappen. Jetzt, daheim, ist das wieder weg, aber beim Tippen auf dem Laptop prickeln nun die Fingerspitzen, jeder angeschlagene Buchstabe tut weh. Und wieder: Nur mit Handschuhen kann ich etwas aus dem Kühlschrank holen; grad unvorsichtig, habe ich ein Stückchen Käse gegessen, es war zu kalt, und das tat weh, wie dieses kalte Stückchen sich seinen Weg in den Magen suchte.

Vorgestern, bei Barbaras Geburtstag, konnte ich auch keinen Sekt trinken, kalte Getränke vertrage ich nicht. Aber abgesehen davon: Es war ein schöner Geburtstag, sicherlich intensiver als viele Geburtstage davor. Nichts, aber auch gar nichts, ist mehr wie es mal war.

Der Genuss des Moments war nicht ungetrübt, er war/ist stets überschattet von den Zukunftsgedanken: Was kann/wird die Zukunft für mich bringen? Diese Ungewissheit in mir, dieses Viech, das in mir wütet – kriegt man das in Griff?

(…)

Ja, wir haben unterschiedliche Meinungen zu diesem unseligen Krieg. Nur, wer wie AL Baerbock »Russland ruinieren« will (Russland, also die Russen, nicht diese Despotenclique um Putin herum), der setzt auf (einen langen) Krieg, der will Eskalation, der produziert Unheilvolles. Daraus kann nichts Gutes werden.

Hab vor ein paar Tagen die letzte große Rede der Verteidigungsministerin angehört und angesehen, bedrückend; sie wirkt wie eine Hausfrau, die gerade vom Penny kommt, aber sie redet wie Kaiser Wilhelm II.: Wir beten für die Macht der Geschütze. Geschichtsvergessen, stahlhart, früher hätte man gesagt: die kälteste der kalten Krieger, Kriegstreiberin.

(..,.)

Wo bleibt das Positive?, fragst du. Wiewo? Wenn in Bayern harmlose Jugendliche wegen Bagatellen in Präventivhaft kommen – wo soll da das Positive herkommen?

(…)

Hey, liebe Brigitte, puuh, ich höre nun auf – und schalte das Rentnerfernsehen an, »Tee oder Kaffee«, »Wir in Bayern«, mal sehen, was die heute kochen, Brot und Spiele: Arno

p.s.: Ah, noch etwas fast vergessen: In diesem Monat ist der 50. Jahrestag des »Weihnachtsbombardements« der USA gegen Nordvietnam. Damals (vor allem auch über die Weihnachtsfeiertage) warf die US-Armee mehr als 100 000 Bomben auf die Städte Haiphong und Hanoi ab, und unserer Pfarrer Höllenschmidt (kein Witz, ich glaub, so hieß er), nein, so hieß er nicht, wir Jugendliche nannten ihn so, er hieß Hellenschmidt, und teuflisch-(g)eifernd verteidigte er in seiner Weihnachtspredigt diesen unmenschlichen Wahnsinn, weil es um die »Freiheit« ging. Gegen »die gottlosen Kommunisten«.

Diese Weihnachtspredigt, die Kirche war übrigens geschmückt mit Friedensbotschaften und Aufrufen zu »Brot für die Welt«, entfernte mich für immer von Kirche und Glauben und dem Sinn von Krieg und Militäreinsätzen.

Herzlich:
Dein Arno

Ich habe gerade nachgezählt: Elf Menschen, sie sind evangelisch, katholisch, schließen mich in ihr tägliches Gebet ein. Obwohl ich nicht glaube – es tröstet mich, dieses Mitgefühl, das in dieser Geste liegt.

19. Dezember 2022

Argentinien ist nun Weltmeister, schön; angeblich funktioniert der Schützenpanzer *Puma* nicht so richtig, auch schön;

von 18 getesteten Panzern, heißt es, seien 18 ausgefallen, sehr schön – eine Versagensquote, die man sonst nur von den Zügen der Deutschen Bahn AG gewohnt ist.

Frieden schaffen mit kaputten Waffen!

Wieder einmal eine fast schlaflose Nacht, endlose Hustenanfälle, ein Gefühl, als würde ich gleich ersticken. Plötzlich hatte ich keine Gedanken mehr, bloß eine erschreckende Leere im Gehirn. In mir – zum ersten Mal – der Wunsch, einen Notarzt zu rufen. Stattdessen, um die aufkeimende Panik zu bekämpfen, stundenlange Lektüre von alten Gesprächen, auf der Suche nach Tröstendem. Der Mensch, lese ich bei dem Philosophen und Molekularbiologen Erwin Chargaff, solle bescheidener werden. Zum Menschsein gehöre das Schicksal. Keine Medizin, kein Arzt könne das wegheilen, Krankheiten müsse man akzeptieren: »Ohne Schmerz, Leid und Trauer ist man kein Mensch.«

Ein paar Monate vor seinem Tod, Ende September 2001, habe ich Chargaff im österreichischen Altaussee getroffen, dort in einem wunderbar-verschwiemelten Hotel über dem Bergsee, in dem sich Wiener Literaten und die vorwiegend jüdische Bohème in den 20er-Jahren des vorigen Jahrhunderts zur Sommerfrische trafen. Und genau das tat dieser alte Mann rituell seit vielen Jahrzehnten, mietete sich, aus New York kommend, für vier, sechs Wochen hier ein. Wiederaufführung eines Stücks, das vor neun Jahrzehnten brutal vom Spielplan gekippt worden war.

Chargaff war nur noch ein Geripper, erschreckend tief nach vorne gebeugt, aber hellwach, und es war ein intellektuelles Erlebnis, wie dieser alte Mann seine Gedanken entwickelte – in seinem herrlich alt-wienerischen Dialekt mit einer verblüffend kräftigen Stimme, die Gott sei Dank den unangenehmen Lärmer am Nebentisch in Schach hielt: Marcel Reich-Ranicki, der, offenkundig mit etwas zu viel Wein in sich, alle Aufmerksamkeit auf sich lenken wollte.

»Ohne Schmerz, Leid und Trauer ist man kein Mensch.« Als Chargaff diesen Satz sagte, fand ich ihn voll tiefer Weisheit. Und heute? Heute wäre ich froh, da wären weniger Schmerz, Leid, Trauer.

»Ich klammere mich ans Leben«, hat vor ein paar Jahren ein Krebstodgeweihter zu mir gesagt: »Ich klammere mich! Neulich habe ich in der Bibel einen Spruch gelesen, ich zitiere ihn ungenau: »Verführt dich die Hand zur Sünde, reiß sie raus, wirf sie weg!« Ich zu ihm: Nun verstehe ich bloß Bahnhof. Er: »Ich interpretier das so: Wenn ich eine Therapie fände, die mich rettet, würde ich genau das tun: Ich würde meine Hand opfern. Nicht unbedingt die rechte, denn ich bin Rechtshänder, aber die linke schon.«

Seine unheilbare Krankheit habe ihn zu einem anderen Menschen gemacht, sagte er und erklärte das so: »Neulich fiel ein kleiner Vogel hier bei unserem Haus aus seinem Nest. Früher hätte ich den toten Vogel einfach auf den Misthaufen geworfen. Jetzt habe ich ihn vorsichtig aufgehoben, ihn ums Haus in den Garten getragen und ihn sorgsam bestattet.«

Vorhin noch mal eine Mail gelesen, die ich vor ein paar Tagen an einen Freund geschrieben habe, voller Zweifel, ob es gut ist, solche Briefe abzuschicken.

Lieber Franz,
»es fällt mir schwer«, schreibst Du, »Dir zu schreiben«.
Leider erklärst Du mir nicht, weshalb das so ist.
Ich bin nun seit vier Monaten krank, und als ich meine Krebs-

erkrankung Menschen, die mir wichtig sind, bekannt machte, war die Reaktion so: Betroffenheit, ja Entsetzen, auch Trauer, und in fast allen Anrufen und Mails, die mich erreichten, hieß es: Ja, Du packst das. Es wird gut. Und wenn Du irgendwas brauchst, wir sind für Dich da.

Das war schön.

Jetzt, nach vier Monaten, ist es so: Mails erreichen mich seltener, Anrufe nur noch sporadisch. Und wenn, dann haben sie einen anderen Ton: Empathie ist Hilflosigkeit gewichen, Sprachlosigkeit herrscht vor, Überforderung. Ich las neulich: Das geht mir zu nahe; ist mir zu intim. Ich las, etwa gestern: »Ich denke, dass auch alle gut gemeinten Worte einem nicht wirklich weiterhelfen (deshalb lass ich es).«

Meine Krankheit macht mich einsamer.

Dazu kommt noch dieser unselige Krieg in der Ukraine. Viele, wohl die meisten in meiner Umgebung, kommen aus dem Grünen-Milieu. Und dort ist die Ultima Ratio nun: Aufrüstung muss sein, mehr Waffen müssen in die Ukraine; Zeitenwende ist gut, es ist ein Epochenbruch: Das ist der herrschende Mainstream.

Mal sehen, wie das alles weitergeht, wo das alles endet. Aber diese Selbstverständlichkeit, mit der nun alle Verantwortlichen auf die Normalität des Krieges setzen, Kriegswirtschaft organisieren, verbal geradezu schamlos für einen Krieg aufrüsten – so etwas habe ich in meinem Leben noch nie erlebt.

Ich bin sehr gespannt, wie und ob wir diesen Wahnsinn überleben.

Grüße: Arno

21. Dezember 2022

Meine nächste Chemo habe ich – Gott sei Dank! – erst wieder nach den Feiertagen; die Nebenwirkungen sind manchmal schon etwas verstörend, zum Beispiel kann ich nur noch unter Schmerzen meine Zähne putzen: Das Zahnfleisch ist plötzlich hyperempfindlich.

»Du hast tiefe Falten im Gesicht bekommen«, sagt Barbara. Der Bürgerkrieg in meinem Körperinneren zeigt sich immer mehr außen.

24. Dezember 2022

Dieses Weihnachten ist für mich alles anders, auch dies: Zum ersten Mal seit 67 Jahren werde ich über die Feiertage nicht in Königsbronn sein. Selbst als ich in Großbritannien war, in den USA studierte und dort arbeitete, war es mir wichtig, am 24. Dezember daheim zu sein – und das, obwohl ich mit dem ganzen Trubel, Kirchgang, Gesang, Christbaum nichts am Hut, den Weihnachtsbaum irgendwann in den 80ern abgeschafft hatte.

Einmal, ich kam aus den USA, bin ich am 24.12. Punkt 18 Uhr (da ging es bei uns immer mit den Weihnachtsfeierlichkeiten los: Grombierasalad, Soidawirschdla) aufgetaucht, habe bei uns geklingelt, meine Mutter öffnete die Tür, sie kippte (sie hatte mit mir nicht gerechnet) fast um vor Schreckfreude, und ich auch: Ich hatte sie mehrere Monate nicht gesehen, und nun sah sie plötzlich so alt aus ... Das war 1980. Meine Mutter war damals gerade 55 Jahre alt. Eine richtig alte Frau. Dachte ich damals.

Weihnachten dieses Jahr?

Barbara und ich sind in Hamburg, es wird sehr ruhig sein, ein paar Spiele, gemütlich, und am Heiligabend/Sonntag gibt es eine Gans.

Für das neue Jahr hoffe ich dies: Das ist so ein Traum/Ziel von mir, dass ich in Königsbronn im April zu einem Festmahl unterm blühenden Kirschbaum einladen kann. Und wir alle dann glücklich & unbeschwert sind.

25. Dezember 2022

Um halb zwei wache ich auf. Ich bin tot. Ich bin erstickt. Ich lebe. Mir ist fürchterlich schlecht, ein Propfen ist in meinem Hals, der mir die Luft zum Atmen nimmt.

Den ganzen Tag über bin ich apathisch, habe nicht mal die Kraft zum Lesen. Auch nicht zum Denken.

Abendessen. Ich sitze vor einem Schälchen Reis. Ich kann nicht. Ich brauche 20 Minuten für ein paar Löffel.

Schmerzen im Bauch.

26. Dezember 2022

In einer Zeitung bin ich gerade auf diesen Sinnspruch des Tages gestoßen: »Lebe jeden Tag deines Lebens, als wäre es dein letzter!«

Was für ein absurder Befehl! Was für ein Unsinnsspruch! Der Satz ärgert mich. Wenn ich ihn ernst nähme – was für ein Stress wäre das? Wo würde ich jetzt sein wollen, was tun müssen? Champagner schlürfen? Was würde ich in den nächsten Minuten erleben, erfahren, machen wollen, tun sollen?

Jetzt ist es 11 Uhr 30, in zwölfeinhalb Stunden würde es vorbei sein. Mein letzter Tag in diesem Leben: Will ich nun –

sofort! – in ein Spitzenrestaurant eilen, einen Château Lafite trinken? Oder einfach ruhig dasitzen, ein gutes Buch lesen?

Nein, Quatsch. Es ist, ganz prosaisch, für mich so: Gestern war ich noch mitten im Leben, heute bin ich draußen und sehr real mit dem konfrontiert, was wir alle wissen, die meisten irgendwie verdrängen, ich aber nicht mehr ausblenden kann: dass wir alle sterben müssen.

Das Mistvieh in meinem Körper hämmert mir dieses Wissen ja ohne Unterlass in den Kopf: Ich hab dich im Griff!

Und ich würde es gerne anbrüllen: Komm raus, du blödes Viech! Aber das böse Tier denkt nicht daran. Ob Bestrahlung, Chemo es zermürben, erwürgen?

Ich lebe nach dem Prinzip Hoffnung, mir bleibt ja nichts anderes übrig. Lässt dieses Viech mich noch ein Jahr leben, fünf, mit – viel? – Glück vielleicht noch zehn Jahre, 15?

Wie diese Restlaufzeit gestalten? Das ist mir noch nicht klar, obwohl ich so häufig darüber nachdenke: Was, verdammt, will ich noch alles erleben, erfahren, sehen, genießen? Ich weiß es nicht, ich wäre schon so froh, einfach ein paar Stunden, ein paar Minuten, einige Sekunden nicht an dieses garstig Viech denken zu müssen.

Ich lass die Zukunft auf mich zukommen, diese ungewisse Zukunft. Sie kommt ja eh nicht, und falls sie doch kommt, wird sie ohnehin völlig anders sein als erwartet, und vielleicht ist das eine Gnade. Es ist auf jeden Fall tröstlich, nicht zu wissen, was alles auf einen zukommen kann. Ich will mich nicht der Verzweiflung hingeben.

Aber: Die Zukunft, meine Zukunft ist geschrumpft.

Ich versuche, was sehr schwer ist, jeden Morgen in den kommenden Tag mit Unbekümmertheit, sogar Freude zu gehen – obwohl ständig Trauer da ist. Ich habe, so rede ich mir ein, mich an mein Schicksal gewöhnt. Der Mensch ist ein Gewohnheitstier.

Im Computer klickt es, eine Mail poppt auf von Vincent Klink. Seine Frau ist im Herbst an Krebs gestorben. Auf all meine Fragen, wie es ihm geht, wie er sich fühlt, ob er noch Lust und Freude am aufgebauten Restaurant, diesem gemeinsamen Lebenswerk, hat – dazu hat er geschwiegen. Ich versteh das.

Nun, kurz vor der Jahreswende schreibt er zu einem schwarz-weißen Foto ganz wenig, aber seine wenigen Worte sagen so viel:

Liebe Barbara, lieber Arno,
Euch und mir, allen wünsche ich, dass wir einigermaßen die Spur halten können.

27. Dezember 2022

Ich lese gerade wahnsinnig viel, wie zuletzt in meinen Studien-
tagen. Gestern musste ich lachen bei der Lektüre, es war ein
Buch aus den 1920er-Jahren, da hieß es sinngemäß: »Ein sehr
altes Ehepaar, beide um die 60, alt, faltig, verbraucht, bald
werden die zwei auf dem Friedhof sein …«

Um die Sechzig. Sehr alt. Friedhof. Hoppla.

Auf meinem Nachttisch liegen sieben, acht Bücher, gerade
habe ich ein paar Seiten in Nathan Harris' »Die Süße von
Wasser« gelesen, ein, wie mir der Klappentext erläutert, »he-
rausragender, poetischer Roman«. Er spielt in den USA kurz
nach dem Bürgerkrieg, im rassistischen Georgia, es geht um
ein weißes Farmerehepaar, dessen Sohn angeblich im Bürgerkrieg gefallen ist, und um zwei Schwarze, die durch den Krieg
befreit wurden.

Der deutsche Verlag, Eichborn, der mal frech, freizügig,
ungehobelt, wagemutig, respektlos war, hat diesem Roman
eine Warnung vorangestellt, ich zitiere die dort verwendete
Schreibweise: »Liebe Leser:innen, in diesem Roman werden
an einigen Stellen rassistische Szenen, Bilder oder rassistische
Sprache reproduziert, die sich gegen Schwarze Menschen rich-
ten. Dies spiegelt in keiner Weise die persönliche Meinung des
Autors oder die Haltung des Verlages wieder und dient ledig-
lich dem Zweck der historisch korrekten Darstellung.«

Muss ich diesen Aufzeichnungen auch eine Warnung voran-
stellen? Weil in einigen Passagen Blut fließt, es um Verzweiflung, auch Tod geht – ich aber nicht möchte – also, Vorsicht:
Sicherheitshinweis! –, dass sich »diese drastischen Szenen, Bilder oder Sprache gegen weiße oder Schwarze Menschen rich-
ten«?

Sind wir alle Kleinkinder? Müssen wir gepampert, rund um die Uhr irgendwie erzogen, gewarnt, ermahnt werden?

Noch ein Nebengedanke: Könnte es sein, dass diese ideologisch-moralisch bedingte Sprachverunstaltung den Rechtsradikalismus befeuert? Die Spaltung der Gesellschaft vorantreibt?

Ah, nun habe ich »Die Süße von Wasser« fast ausgelesen und bin enttäuscht. Barack Obama, Oprah Winfrey haben das Buch empfohlen, ihm weltweit große Aufmerksamkeit, schöne Auflagen, wunderbare Besprechungen beschert – ihren Lesetipp verstehe ich nicht: oberflächlich, fast frei von historischem Wissen und politischer Kenntnis, bieder im Stil ist dieser Erstling; phasenweise hat man, und das ärgerte mich beim Lesen sehr, das Gefühl, der Autor verlegt Dialoge und Denken der »woken« Jetztzeit in die USA der Post-Bürgerkriegszeit. Das Aufregendste ist der Warnhinweis des Verlags auf Seite 3.

29. Dezember 2022

Verdammte Nacht, wieder einmal ist sie zu lang; 3 Uhr 30, und seit über einer Stunde wandere ich ruhelos durch die Wohnung, gehe zurück ins Bett, stehe wieder auf, wieder zurück ins Bett, der Schlaf will nicht kommen. Das Leben ist eine Zumutung, man wird, um mit Angelika Schrobsdorff zu sprechen, durch dieses Dasein geschleudert und gezogen, es wird einem dies und das angetan, warum bin ich hier, was soll das Ganze, muss das so sein?

Sonnenaufgang heute um 8 Uhr 37, noch viel Zeit bis dahin, Sonnenuntergang schon um 16 Uhr 07. Aber die Sonne wird wohl eh nicht scheinen, tristes Wetter ist angekündigt, Nebel, Regen, Niesel, diese norddeutsche Schmuddeltristesse.

Kurz vor seinem Krebstod hat der TV-Moderator Hajo Friedrichs gesagt: »Am schlimmsten sind die langen Nächte, da lieg ich wach und versuch, meine Träume einzufangen.«

Und auch für den kranken Manfred Rommel waren die Nächte fast unerträglich lang. Um sie ertragbarer zu machen, lernte er dann mit Kassetten Französisch. Oder, wie er mir sagte: »Ich habe auch schon sämtliche Wagneropern angehört. Oder Interviews mit Leuten aus den unterschiedlichsten Berufen. Dann schlafe ich wieder für eine halbe Stunde ein, dann wache ich wieder auf, dann setze ich mir den Walkman auf die Ohren und höre zu; heute Nacht habe ich mir ein Band angehört, da ging es um ›les droits des femmes‹.«

Im Kopf sind jetzt Gedanken, die mich nicht loslassen, mich nicht schlafen lassen. Sterben. Tod. Beerdigung. Werde ich Angst haben?

Es beruhigt mich nun zu wissen, wo ich sein werde, wenn ich nicht mehr bin. Auf dem Friedhof in Königsbronn-Itzelberg.

Dabei fand ich es immer befremdlich, musste mich abwenden, wenn meine alte Mutter am Familiengrab stand und dann fast fröhlich sagte: »Doro, ich werde bald bei dir sein!« Sie wusste, wo sie liegen würde, und so ab ihrem 82. Lebensjahr sehnte sie sich nach dem Tod und der Ruhe in diesem Familiengrab.

Fast verärgert war ich, als mir Walter Jens im Winter 2002 von seinem Grab erzählte, er, der wortmächtige Rhetor, nannte es »Grabstelle«, die er sich mit seiner Frau Inge ausgesucht hatte; verärgert war ich, weil er über den Tod hinaus von seiner Eitel- und Wichtigkeit, im Grunde seiner Unsterblichkeit überzeugt, bestimmt und durchdrungen war: »Wir gehen oft rüber zum Stadtfriedhof und schauen unsere Grabstelle an – noch mit einem Gefühl ruhigen Glücks. Neben uns liegen Uhland und Ottilie Wildermuth, Isolde, Marie und Hermann Kurz oder Carlo Schmid. Der Friedhofsgärtner bot uns einen repräsentativen Platz bei der Kapelle an. Aber mir war es dort zu dunkel. Nun werden wir oben liegen, am Rande des Friedhofs, dort hat man die ganze Kette der Schwäbischen Alb vor sich. Ich liebe dieses Land. Außerdem: ›Man isch bei de Leut‹ – bei den Menschen: Studenten gehen durch den Friedhof zur Universität, Gäste der Stadt besuchen hier Hölderlin und Silcher. Eines Tages werden sie feststellen: Ach, da liegt ja auch der Jens.«

»Haben Sie zufälligerweise Sprengstoff dabei?«, fragte mich ein paar Tage vor seinem Tod der Kinderpädagoge Wolfgang Bergmann, der so gerne noch »zehn Jahre« gelebt hätte:
Haben Sie zufälligerweise Sprengstoff dabei?
Nein, natürlich nicht.
Schade. Der Gedanke gefällt mir nämlich sehr: mit einem gewaltigen Krach, mit einer Bombe, einem Sprengstoffattentat gegen mich selbst, in hellem, gleißendem Licht mich im Nichts aufzulösen.
Puh. Sie haben Angst vor dem Grab?
Das Grab ist für mich eine furchtbare Vorstellung. Ich sehe überhaupt nicht ein, warum wir in unserer Kultur die ganze Zeit darauf drängen, alles immer enger zu machen. Die Kinder werden schon um acht Uhr in den Kindergarten geschickt und dann um halb acht in die Grundschule, und im Laufe des Lebens wird alles noch enger. Am Schluss soll ich

auch noch in einem engen Kasten verschwinden! Himmel-
herrgott, kann man den nicht aufmachen?

Ich fürchte, nein.

Tja, so bleibt mein ganz großer Traum wohl nur ein Traum:
mich mit einem Segelschiff in den Ozean hinaustreiben zu
lassen und nicht mehr gefunden zu werden. Das finde ich
versöhnlich – diese Vorstellung, alle Begrenzungen des Lebens aufzulösen.

Alles zu pathetisch, was die so sagen, sagt ein Freund am anderen Morgen, als ich ihm von meinen Nachtgedanken und
-lektüren erzähle: »Mir reicht ein Pappkarton.«

Ein Sohn meiner Schwester sagt: »Was soll das? Du hast
doch noch gar keinen Termin!«

Barbara sagt: »Du wirst noch lange leben.«

Wir kommen aus dem Nichts. Wir gehen ins Nichts. Wir
verlieren also nichts – heißt es in dem heiter-respektlosen Film
»Das Leben des Brian«.

Ist das so?

30. Dezember 2022

Höre gerade im Radio: Pelé ist gestern Abend gestorben. An
Darmkrebs.

Als Kind wollte ich immer Pelé oder Uwe Seeler sein. Das
erste Fußballspiel, das ich im Fernsehen sah, war Deutschland
gegen Uruguay, 1966, WM in England: 4:0. Uwe schoss nur
ein Tor.

Es war ein Rabaukenspiel mit Tritten, brutalen Fouls, Polizei auf dem Spielfeld. Dass Uwe die Ohrfeige eines Gegen-
spielers einfach wegsteckte, das fand ich stark.

Wir hatten keinen Fernseher, niemand in unserer Straße hatte ein Fernsehgerät – nur ein junges Liebespaar, unsere Nachbarn. Die schauten sich das Spiel an; mein Freund und ich drückten uns an ihrem Wohnzimmerfenster im Erdgeschoss die Nasen platt, heimlich, wir sahen kaum etwas in dem kleinen grauen Flimmerkasten, nur winzige Figuren, kein Ton – irgendwann entdeckte uns das schmusende Paar, dem das Spiel nicht so wichtig war, wir durften ins Wohnzimmer zum Flimmerkasten – ein Höhepunkt meiner Kindheit.

Nach dem Spiel spielten wir die Tore nach. »Ich Uwe«, brüllte ich, »ich Uwe«, rief auch mein Freund; »ich Pelé«, rief ich, »der isch no viel besser!«.

Und wir hofften, dass uns Helmut Schön irgendwann entdecken würde.

31. Dezember 2022

Die schlimmste Nacht bisher. Kein Schlaf. Schmerzen im Bauch. Ich fühle mich kotzelnd. Sitze gekrümmt auf einem Stuhl. Minuten später liege ich gekrümmt auf der Couch. Dann tigere ich durch die Wohnung, schreie leise auf.

Soll ich die Tabletten gegen Schmerzen und Übelkeit nehmen, die mir verschrieben worden sind? Und da drüben in der Schublade liegen?

Ich will nicht. Ich will nicht noch mehr Gift meinem eh verseuchten Körper zumuten. Ich habe einen Horror vor Pillen und Tabletten. In meinem ganzen Leben habe ich nie welche genommen – nicht mal Aspirin. Ich habe mich immer auf meinen Körper verlassen. Aber ich war auch nie krank.

»Ruf den Arzt an!«, befiehlt mir Barbara am Morgen, sie ist verzweifelt.

Ich will nicht, was wird er auch schon empfehlen? »Nehmen Sie die Pillen!«, wird er sagen.

Apathisch verbringe ich den Tag. Liege mit Schmerzen unter einer Decke. Zum ersten Mal verstehe ich, weshalb zutiefst verängstigte Krebspatienten ihre Chemo abbrechen.

Grad höre ich im Radio: Papst Benedikt ist gestorben. Die wohl wirkmächtigste Überschrift meines Journalistenlebens: »Mein Gott, Ude! Großinquisitor will Ehrenbürger werden!«

Das war 1997. Meine Schlagzeile in der Münchner Abendzeitung hat, wie die SZ später recht verärgert schrieb, dazu beigetragen, dass nichts daraus wurde, dass Joseph Ratzinger, der früher Vorsitzender der Katholischen Glaubenskongregation, also direkter Nachfolger der Heiligen Inquisition war, kein Ehrenbürger der bayerischen Hauptstadt wurde.

Klimakatastrophe, Krieg, Krebs, Korona, keine Königin Elisabeth mehr: 2022, das Katastrophenjahr, annus horribilis, mit den zu vielen Ks geht endlich zu Ende.

Unhoffend hoffe ich, dass 2023 besser wird.

1. Januar 2023

Der erste Morgen im Neuen Jahr. Der Kaffee schmeckt gut. Alles scheint gut.

Kaum was ist gut.

Dieses verfluchte K-Jahr. Ist es wirklich vorbei?

Diese Ks, die ja wohl kaum verschwinden werden – bin ich, ein Gedanke, der mich plötzlich aufschreckt, bin ich deswegen fast froh, dass ich so krank bin? Vielleicht nicht mehr so lang lebe? Darf ich so denken? Weil meine existenzielle Unsicherheit, die Lust auf die Zukunft, von der Düsternis der Gegenwart vernebelt ist? Weitermachen. Hoffnung nicht aufgeben, sage ich mir – obwohl das mich selbst verstörende Denken ohne Unterlass weitergeht.

In drei Monaten ist meine Chemo vorbei. Dann wird mein Körper durchgecheckt, es wird wieder eine Tumorkonferenz geben, dann weiß ich – wahrscheinlich, hoffentlich, vielleicht –, wie es um mich steht. Wie es mit mir weitergeht.

Es soll wieder so werden wie früher.

Es soll so sein wie früher.

Wiefrüherwiefrüherwiefrüherwie …

Um mich aufzuheitern, mich abzulenken, um fröhlich zu sein, schaue ich mir ein YouTube-Video mit Paul McCartney an. Der alte Beatle singend, lachend, sich wie Bolle freuend auf den Spuren seiner Kindheit und Jugend in Liverpool: https:// www.youtube.com/watch?v=QjvzCTqkBDQ

Gut 20 Minuten später: Ablenkung, Erheiterung – es hat funktioniert.

Meine Kolumne im Hamburger Abendblatt heißt: »Merkwürdige Zeiten«. Merkwürdige Zeiten? Ist diese Spitzmarke angesichts des herrschenden Wahnsinns noch zutreffend? Müsste es nicht »Schlimme Zeiten«, »Fürchterliche Zeiten«, »Unerträgliche Zeiten« heißen?

Seit ein paar Tagen grüble ich über die erste Kolumne für dieses neue Jahr. Ich habe drei Entwürfe mit drei unterschiedlichen Enden: einen mit einem hoffnungsfroh-positiven Schluss, einen mit einem erträglichen Schluss, einen mit einem hoffnungslos-negativen Schluss.

Welchen Entwurf werde ich abschicken?

Vielleicht diese Version?

Ich weiß es noch nicht.

MERKWÜRDIGE ZEITEN

Ein Nachtmahr zum Neuen Jahr, von …

… dem ich so sehr hoffe, dass er nur ein vorübergehender Alb-traum war

Plötzlich bin ich aufgewacht, nein, ich bin nicht so richtig aufgewacht, ich bin eher geschüttelt und gerüttelt worden von einem Nachtmahr, was für ein altes Wort, aber mit was er mich quälte: so modern, so aktuell.

Im Kopf ging es holterdiepolter zu, drunter und drüber, aber die Gedanken waren sehr klar, es ging um diesen Krieg in der Ukraine, auch um Annalena Baerbock, die Außenministerin, und ihre Worte: »Russland ruinieren«, also langer Krieg, Eskalation, Unheilvolles. Kann aus solchen Sätzen Gutes folgen?

Wie fühlt es sich an, wenn ein Krieg sich ankündigt? Vielleicht so?

Im Ohr auf einmal auch eine Rede der Verteidigungsministerin, ich höre und ich sehe sie vor mir: freundlich, alltäglich, lächelnd, allerdings harter Mund, nur ein Strich, und da kommen Worte, die klingen wie von Kaiser Wilhelm II.: Wir beten für die Macht der Geschütze.

Du spinnst, denke ich noch, aber der Nachtmahr geht weiter: Da ist so viel verrutscht in Deutschland und der Welt, das übersehene Morden im Jemen, das stille Sterben in Syrien, der laute Krieg nun am Rande Europas, an den einen denkt man viel, an die anderen nicht.

Wird in ein paar Jahren ein neuer George Grosz den Horror wieder einfangen, ein Böll, ein Borchert verzweifeltverzweifelnd das unsägliche Leiden aufschreiben, wieder einmal? Wenn es zu spät ist, wieder einmal?

Schon irre, quält mich dieser Nachtmahr, wegen Grenzen, die künstlich gezogen worden sind, gehen nun Hunderttausende Menschen drauf; Grenzen, die in ihrer Geschichte alle paar Jahrzehnte verschoben worden sind; nun, wie 1914/7, auch wieder so ein Gemetzel, liegen wieder Menschen im Schlamm und Dreck und Matsch und Eis, Gewehr im Anschlag, Kanonen hochgerichtet, wie 1942/3 – und schießen, morden, verstümmeln Menschen, und die russische Kirche segnet die Bomben, und die ukrainische Kirche segnet die Granaten, beide Seiten kämpfen mit Gott auf ihrer Seite, und »stell dir vor, es gäbe keine Länder/es ist nicht schwer, das zu tun./ Nichts, wofür es sich lohnt zu töten oder zu sterben/und auch keine Religion./Stell dir vor, alle Menschen/leben ihr Leben in Frieden.«

Aber manche füllen sich die Taschen mit Euros und Dollars – gewissenlos, wie immer: Deutschland hat trotz Krimbesetzung und Waffenembargo nach 2014 Rüstungsgüter im Wert von 121,8 Millionen Euro nach Russland geliefert – 35 Prozent aller EU-Waffenexporte.

Wer, so martert mich mein Nachtmahr: Wer hat daran verdient? Die Herren des Kriegs? Deutsche Kleinaktionäre, die treuherzig ihr Geld in irgendwelchen Fonds angelegt haben?

Irgendwann, man weiß das aus allen Kriegen, wenn zu viele verreckt sind, wenn man weiß, was das Wort »kriegsmüde« tatsächlich bedeutet, muss verhandelt werden, egal, wie viele Waffen noch schussfähig sind, irgendwann rufen die Menschen nach Frieden.

»Imagine there's no countries/It isn't hard to do/Nothing to kill or die for/And no religion, too/Imagine all the people/Livin' life in peace.«

Ein schönes Lied, 1971 von John Lennon gegen den Vietnamkrieg geschrieben, aber gut 50 Jahre später ist die Ultima Ratio wieder: Aufrüstung muss sein, mehr Waffen müssen in die Ukraine; Zeitenwende. Epochenbruch.

Epochenbruch! Zeitenwende! Was für geniale Formulierungen. Hinterhältige Begriffe. Raffinierte Wortprägungen der Regierenden, denn damit ist alle Verantwortung für den Gang der Dinge, das politische Tun der unergründlichen, nicht hinterfragbaren Macht des Schicksals zugewiesen. Man kann nicht anders. Deus lo vult!

Der Nachtmahr bringt mich ins Schwitzen.

Ich weiß, gegen die Ultima Ratio der vorherrschenden Gedanken kommt man nicht an – wenn man nicht einsehen will, dass diese »andere Welt, in der wir aufgewacht sind«, angeblich eine andere Vernunft verlangt. »Humanitär« in den Worten eines Grünen-Spitzenpolitikers sind nun: Waffen. Waffeneinsatz. Kriegsfähigkeit.

Für mich, alter Träumer, vom Nachtmahr geplagt, ist diese neue Humanität die uralte Brutalität. Die unmenschlich bleibt, wenn auch viele Menschen, die gestern noch Friedensfahnen durch die Gegend trugen, mit der gleichen moralischen Inbrunst jetzt auf Panzer und Granaten setzen.

Mal sehen, wo das alles endet.

Imagine all the people/Livin' life in peace/
You .../You may say/I'm a dreamer.

Aber nicht der Einzige.
Hoffentlich nicht.